VOYAGE D'ADRIEN MATHAM AU MAROC

(1640—1641.)

JOURNAL DE VOYAGE

PUBLIÉ POUR LA PREMIÈRE FOIS

AVEC NOTICE BIOGRAPHIQUE DE L'AUTEUR,

INTRODUCTION ET NOTES

PAR

FERDINAND DE HELLWALD,

de la Bibliothèque Imp. de la Cour à Vienne.

LA HAYE,

MARTINUS NIJHOFF.

1866.

VOYAGE
D'ADRIEN MATHAM
AU MAROC.

(1640—1641.)

VOYAGE
D'ADRIEN MATHAM
AU MAROC.
(1640—1641.)

JOURNAL DE VOYAGE

PUBLIÉ POUR LA PREMIÈRE FOIS

AVEC NOTICE BIOGRAPHIQUE DE L'AUTEUR,

INTRODUCTION ET NOTES

PAR

FERDINAND DE HELLWALD,

de la Bibliothèque imp. de la Cour à Vienne.

LA HAYE,
MARTINUS NIJHOFF.
1866.

Gedrukt bij G. J. Thieme te Arnhem.

A L'ÉRUDIT AMI DES SCIENCES,

AU PROFOND CONNAISSEUR

DE LA LANGUE ET DE LA LITTÉRATURE HOLLANDAISE,

M. LE PROF. M. DE VRIES.

AVANT-PROPOS.

Une contrée du monde qui de nos jours a perdu la majeure partie de son prestige politique, ce sont les États Barbaresques de l'Afrique. Cependant on ne saurait nier qu'il ne s'y rattache un haut intérêt historique. Il est sans contredit fort curieux d'observer l'influence que les pirates d'Alger et du Maroc ont exercée dans les siècles passés sur la navigation des nations européennes; le développement de notre marine marchande n'a que trop souffert de l'effet nuisible de ces pernicieux désordres; il suffira de rappeler que dans le temps on a vu des corsaires de la Barbarie se montrer à l'embouchure du Zuyderzee. Certes, il est également important, pour l'histoire de la navigation et du commerce, d'apprendre à connaître de près l'asile de ces redoutables ennemis du commerce transatlantique européen, — et c'est au milieu des États Barbaresques que nous mène le journal de voyage du peintre Harlémois Matham, artiste qui fit partie de l'ambassade d'Antoine Liedekerke, dépêché par le gouvernement des Pays-Bas vers le sultan du Maroc. C'est en outre la première relation du XVIIe siècle que nous possédions sur le Maroc, et de plus la première fournie par des Hollandais, attendu que les rapports de l'ambassade de Ruyl ont aussi peu pénétré dans le public que l'auraient fait ceux de Liedekerke, si le peintre Matham ne nous en eût conservé l'essentiel dans son journal de voyage. C'est de ce point de vue que nous croyons pouvoir justifier la publication de ce journal, qui, sous le rapport géographique non plus, ne nous parait pas dénué d'intérêt.

TABLE DES MATIÈRES.

NOTICE BIOGRAPHIQUE DE L'AUTEUR.

La famille des Matham a fourni plus d'un nom illustre à l'histoire des arts en Hollande. Déjà Jacques Matham, né en 1571 à Haarlem, acquérait la renommée d'un excellent artiste, et près de 240 superbes gravures, qui nous restent encore de sa main, lui assurent une place incontestable dans l'histoire des arts. Il fut père de trois fils, Jean, Théodore et Adrien, dont les deux derniers surtout devinrent sous ses soins également des artistes de renom. On ignora longtemps les liens de parenté qui unissaient entre eux ces quatre artistes, et à l'exception d'Adrien, qu'une inscription gravée de sa main au bas d'un portrait de Thierry, premier comte de Hollande[1] — „Adrianus Matham Jac. fil. Harlemensis sculpsit A° 1620" — attestait irrécusablement être le fils du susdit Jacques, si l'on soupçonnait bien que les autres appartenaient à la même famille, on ne les croyait cependant pas parents à un tel degré. Malpé fut le premier qui osa émettre l'opinion que Théodore pouvait être frère d'Adrien; mais déjà Füssli ne voulait pas tout-à-fait la partager; quant à l'aîné, Jean, ce n'est que tout récemment que Mr. Chrétien Kramm revendiqua pour lui les droits de consanguinité[2].

---

[1] On trouve ce portrait, avec l'inscription, dans l'ouvrage de Pierre Schrijver (Scriverius) „Oude Goudsche Kronijken, of Historie van Holland, Zeeland, enz." Amsterdam 1663, in 4°.

[2] De levens en werken der kunstschilders enz. Vol IV (1860) p. 1070.

Nous manquons de renseignements sur l'année où naquit Adrien; cependant il n'est pas difficile de la préciser, et cela même avec beaucoup de chances de certitude. Son frère aîné, Théodore, naquit d'après Nagler [1] en 1589, selon Kramm [2] en 1598; vu que dans le premier cas, son père Jacques n'eût alors été âgé que de dix-huit ans, nous croyons pouvoir nous ranger décidément du coté de Mr. Kramm, mettant la date erronée de Nagler sur le compte d'une faute d'impression. D'un autre côté, nous avons eu occasion de rencontrer Adrien exerçant déjà son art en 1620 [3]; quiconque est instruit de l'état des arts dans les Pays-Bas au XVII siècle, saura qu'en général un artiste ne commençait pas à pratiquer avant l'âge de vingt ans; d'une part, n'ayant aucun droit de supposer qu'Adrien Matham ait fait exception, autre part, aucun rapport ne nous permettant de croire qu'il eût été frère jumeau de Théodore, on peut avec assez de certitude conclure qu'il naquit en 1599 ou en 1600. Quant au lieu de sa naissance, tous s'accordent à revendiquer pour Haarlem l'honneur de lui avoir donné le jour, opinion constatée d'ailleurs par l'inscription citée plus haut.

Adrien Matham excellait également dans l'art du dessin, de la gravure et de la peinture; quant au premier de ces trois genres, ce n'est que Rost [4] qui en fait mention; par le journal que nous publions aujourd hui, lequel est orné d'une grande quantité de dessins soit au crayon, soit à l'en-

---

[1] Allg. Künstl. Lexik. Vol. III. (1839) p. 431.

[2] De levens en werken. Vol. IV. p. 1069.

[3] Immerzeel, De levens en werken d. holl. en vlaam. kunstsch. Vol. II. (1843) p. 207, dit par erreur, en 1626; mais Kramm, IV. 1069, le corrige appuyant son assertion de la date de la première et de la dernière planche de l'ouvrage de Schrijver.

[4] V. 234

cre de Chine, nous sommes à même de constater cette opinion; mais Heinecken, Winkler, Gandellini, Nagler et d'autres ne connaissent Adrien Matham que comme graveur. Cependant le premier de ces auteurs, Heinecken, dans son „Idée générale d'une collection complète d'estampes," [1] rapporte en outre qu'il était aussi peintre, assertion justifiée par le titre que Matham se donne dans notre journal, où il se dit „constrijk schilder."

Ni lui-même, ni aucun de ses contemporains, n'a eu soin de nous transmettre des détails sur la vie d'Adrien. Né environ en 1600 à Haarlem, il ne semble guère avoir quitté sa patrie avant l'époque où il prit part à l'expédition conduite par l'ambassadeur Antoine de Liedekerke, expédition qui forme le sujet du journal inédit jusqu'ici; en 1627, son compagnon François Hals fit son portrait sur une grande toile, [2] d'après lequel Cornelis van Noorde [3] l'a retracé en 1770; une inscription au bas de cette toile nous apprend qu'alors déjà Adrien était excellent graveur — *voortreffelijk plaatsnijder* — et qu'il avait été disciple de son père; celui-ci mourut le 20 janvier 1631, [4] à l'âge de soixante ans; dix années plus tard nous trouvons Adrien à l'île de Mogador, sur les côtes de l'Afrique — et le 12 novembre de la même année (1641) il se retrouvait sur les rives bien connues de Texel [5]. En 1643 il perdit son frère aîné Jean [6], et en 1660 [7] Théodore Matham mourut à Haarlem. De même que

[1] P. 204: "graveur, qui peignait aussi."

[2] Immerzeel, II. 207. "..... Hals, die hem op een groot doelenstuk in 1627 als vaandrig afbeeldde bij de schutterij van den Kloveniers-doelen te Haarlem.

[3] Né en 1731, mort en 1795.

[4] Kramm, IV. 1069. — Immerzeel, II. 207.

[5] Voy. le journal.

[6] Kramm IV. 1071.

[7] Ibid. IV, 1070.

sa naissance, la mort d'Adrien donna lieu aux suppositions les plus diverses; Winkler la fixe environ à l'an 1670, d'autres croient devoir la porter à 1680; ce qui contribua cependant à mettre toutes ces dates en doute, ce fut une notice inexacte du dictionnaire des artistes, qui faisait mention d'un voyage d'Adrien en Barbarie en l'année 1700; cette erreur passa dans le dictionnaire général de Füssli [1] et de là dans tous les ouvrages modernes, toutefois avec une ombre de juste méfiance. De l'âge extraordinaire que Matham aurait dû atteindre, on conclut et cela avec raison, que l'audacieux explorateur du Maroc et notre artiste ne pouvaient être une seule et même personne [2] — nouvelle erreur. Comment cette notice s'introduisit-elle dans le dictionnaire des artistes? nous avons fait de vains efforts pour le découvrir; quoi qu'il en soit la publication du journal de Matham, fixant ce voyage à l'année 1640, suffira entièrement pour concilier aisément toutes ces dates, en apparence inconciliables, et contribuera aussi de cette manière à éclairer un point resté obscur jusqu'à nos jours dans l'histoire des arts en Hollande au XVIIe siècle.

Déja Rost [3] jugeait qu'Adrien s'était plu dans le genre grotesque, et même aujourd'hui nous ne saurions contredire cet ancien écrivain, bien que dans les temps les plus récents on ait découvert, comme appartenant à cet artiste, bien des travaux qui étaient restés inconnus; c'est surtout à M.

---

[1] Allg. Künstlerlex, Vol. I. (1779) p. 795.

[2] Nagler, VIII. 431—432. Der alte Füssly spricht auch von einer Reise die A. Matham 1700 in die Barbarei unternommen und dass er daselbst die Seltenheiten der Natur gezeichnet hat; dieses muss ein anderer Matham sein. Kramm. IV. 1070. De oude Füssli spreekt van eene reis die A. Matham, in 1700 in Barbarije ondernomen had, en zegt dat hij aldaar zelf de natuurzeldzaamheden afteekende, doch Nagler zegt teregt, dat dit een andere Matham moet geweest zijn.

[3]) Vol. V. pag. 255.

Kramm que revient le mérite d'avoir contribué activement à la publication des ouvrages d'Adrien Matham.

Outre les gravures de tous les comtes de Hollande, qui, exécutées en 1620, servent à orner l'ouvrage de Pierre Schrijver [1], et outre les planches qu'il grava au burin pour l'ouvrage de Girard Thibault, publié en 1628 (in fol.) sous le titre de: „Académie de l'Espée" [2], nous citerons parmi ses principaux travaux: l'âge d'or, riche composition avec huit vers latins, d'après H. Golz, 1620 [3]; — un vieillard embrassant une jeune fille, et lui tendant une bourse remplie, également d'après Golz [4]; — deux mendiants, l'homme aux béquilles jouant de la vielle, la femme l'accompagnant de son chant, d'après A. van de Venne [5]; — un combat de six figures grotesques avec des ustensiles de cuisine, d'après le même [6]; — et plusieurs portraits, dont celui de l'historien Pieter Bor Christiaenszoon, d'après Fr. Hals [7] et celui de Sibrandus Sixtius Oisterurius d'après N. Moijaert [8], sont seuls généralement connus; le portrait de James Graham marquis de Montrose, cité par Kramm [9], est très rare. — M. Kramm possède encore un petit livre, également rare, intitulé: „Sinnevonck op de Hollandsche turf enz." de A. van de Venne (La Haye 1634, in 12°) et orné de gravures dues au burin d'Adrien Matham; cependant, selon l'avis de ce judicieux critique, on aurait tort de juger du talent de

---

[1] Immerzeel, II. pag. 207. — Kramm, IV. 1069.

[2] Füssli, I. 795. Nagler, VIII. 432.

[3] Haut 10 pouces 9 lignes, large 15 p. 8 lign. Rost, V. 255. Füssli, I, 795. Nagler, VIII. 432.

[4] Souscr. „Dees slechte sleur enz." h. 13 p. 6 l. large 10 p. 10 l.

[5] In fol.

[6] Souscr. „Tis jammerlijck enz," in fol.

[7] Gr. in fol.

[8] Petit in fol.

[9] Vol. IV. p. 1069.

Matham d'après ces planches, attendu que les sujets qu'elles représentent, exigent une exactitude si servilement mathématique, que toutes les franchises dont l'art a besoin pour plaire, en sont bannies. On rencontre aussi ça et là dans les oeuvres du fameux Cats, une gravure de notre maître, comme sur p. 258 de son „Onlust" [1] — et dans le „Geestelijck Houwelijck" p. 84, la naissance de Jésus-Christ, d'après Jacques Matham [2]. — Les cas où Adrien servit d'original à d'autres artistes, ne sont pas non plus nombreux; cependant Hollar a gravé d'après ses dessins un petit chien couché sur un coussin, et son père Jacques prit son portrait du peintre Le Blond; N. Verkolje grava d'après Adrien, à la manière noire un paysan buvant et fumant [3]. L'aperçu des dessins, parfois fort intéressants, dont Matham s'est plu à embellir son journal, et qui servira d'appendice à la description suivante du manuscrit qui nous a servi de texte, formera un complément à la série des oeuvres énumérées ci-dessus.

[1] D'après A. van de Venne.

[2] Kramm, IV. 1069.

[3] Füssli, I. 795.

APERÇU DESCRIPTIF DU MANUSCRIT, ET DES DESSINS QU'IL CONTIENT.

Le manuscrit d'après lequel nous publions le journal du peintre Matham, forme le trente-septième volume d'un ouvrage, qu'on trouve uniquement à la bibliothèque impériale de la cour, à Vienne. Cet ouvrage est une édition extraordinairement amplifiée du fameux atlas de Jean Blaeu, ou plutôt — pour parler avec le savant Bruzen de la Martinière — „le grand atlas de Blaeu en fait le fondement." — Cependant, avant d'entrer dans des détails sur le manuscrit qui nous occupe, il ne nous semble pas superflu d'ajouter quelques mots et sur les éditions de l'atlas de Blaeu en général, et, en particulier sur l'exemplaire, auquel nous devons notre précieux manuscrit.

David Clément [1] a donné d'amples renseignements sur les différents atlas de Blaeu, et il suffira d'annoter ce qui suit: malgré son exécution splendide, cet atlas a perdu la plus grande partie de son ancienne valeur, et n'est presque plus recherché aujourd'hui; les exemplaires incomplets sont donnés dans les ventes au prix du vieux papier, ainsi que l'édition latine, (Amsterdam 1662, 11 Vol. in fol.), et l'édition espagnole (Amsterdam 1659—1672, 10 Vol.), quoique cette dernière ait été en grande partie détruite, dans

---

[1] IV. 267—276.

l'incendie qui consuma les magasins de Blaeu, en février 1672; — une des éditions les plus recherchées est l'édition française, qui porte le titre: „*Le grand atlas, ou cosmographie blaviane*," (Amsterdam 1663, 12 Vol. gr. in fol.) et à laquelle on a coutume de joindre les deux ouvrages suivants: „*Harmonia macrocosmica, seu atlas universalis et novus, studio et labore Andr. Cellarii.*" (Amsterdam 1661, 1 Vol. gr. in fol.) et „*L'atlas de mer, ou monde aquatique.*" (Amsterdam 1667, 1 Vol. gr. in fol.); — cependant il est difficile de trouver les quatorze volumes réunis. [1] — Le catalogue des livres de fonds du libraire Jean Blaeu pour l'année 1661, fournit des détails sur les différentes éditions de son grand atlas, et nous apprend que, si l'édition française est en douze volumes, c'est que la France y est divisée en deux tomes, et qu'on y donne les généalogies des familles les plus illustres, et que leurs faits historiques y sont décrits plus amplement que dans l'édition latine. Le catalogue de ce grand libraire annonce aussi une édition du même livre avec un texte allemand en six volumes, et une autre en neuf volumes avec un texte hollandais.

Laquelle de ces éditions a servi de base à l'exemplaire que possède actuellement la bibliothèque impériale de Vienne, c'est ce que nous serions fort embarrassés de décider; nous y avons rencontré des textes latin, français, hollandais, etc.; il est même probable que plusieurs éditions ont servi à le former; d'ailleurs le texte imprimé s'efface en présence de la quantité innombrable de cartes et de dessins qui ont contribué à grossir l'exemplaire en question, jusqu' à quarante-six tomes gr. in fol.; cet exemplaire, unique au monde, se

---

[1] Prix: 120 à 150 fr. Vend. 261 fr. Patu de Mello; en 19 Volumes, y compris le Théâtre de la Savoie et du Piémont, et le Nouveau Théâtre d'Italie, 152 flor. Meerman. (Brunet. Manuel du libr. Vol. I. 1860. pag. 959.)

trouva, dans la première moitié du siècle dernier, en vente chez le libraire Adrien Moetjens à la Haye, qui fit même imprimer un catalogue de plus de cent pages in 8° contenant l'énumération de toutes les cartes et autres planches de ce magnifique ouvrage; en 1730 le prince Eugène de Savoie acheta, dit-on, ce précieux atlas pour la somme de 22000 florins, et après sa mort la Bibliothèque de la Cour, héritant de tous les trésors typographiques laissés par cet illustre prince, devint possesseur dudit exemplaire.

Le catalogue ci-dessus mentionné, dont la bibliothèque impériale conserve également un exemplaire, porte le titre: „Atlas géographique et hydrographique avec les plans, pro„fils, vues, etc. des villes, bourgs, palais, antiquités, par „divers auteurs choisis. Ouvrage enrichi de quantité de „cartes, de desseins (sic) de plans, levez au crayon, ou à „l'Encre de Chine, ou au pinceau; avec beaucoup de pièces „manuscrites en diverses langues, tant pour l'Histoire que „pour la Géographie et la Navigation. Cet atlas se vendra „publiquement à l'enchère dans la Sale de la Cour, le. . . . „novembre 1730." (La Haye. Adrien Moetjens 1730, in 8°.) En tête de ce catalogue on trouve une lettre d'Antoine Auguste Bruzen de la Martinière, en date du 15 juin 1730, adressée au comte de L*; celle-ci semble avoir été provoquée par le désir de ce comte d'apprendre des détails positifs sur la valeur de l'exemplaire dont il convoitait sans doute la possession, et cela de la bouche d'un connaisseur qui aurait eu occasion d'examiner l'ouvrage sur les lieux. Quoi qu'il en soit cette lettre renferme une description assez fidèle du présent atlas et nous donne quelques renseignements que nous mettrons à profit dans la suite. „Aux „cartes de Blaeu, soigneusement enluminées par le célèbre „Van Santen, on a" — dit-il — „ajouté celles de Visscher „et de Nicolas Sanson, les deux géographes les plus dis-

„tingués du XVIIe siècle;" quantité de dessins soit à la plume ou au pinceau, soit à l'encre de Chine ou au crayon, dus en grande partie à Guillaume Schellingk, Frédéric de Moucheron, Essolens et autres maitres, oeuvres qui contribuent à faire de cette collection un ouvrage unique au monde. „Je ne „vous dis rien" — continue Bruzen — „de quantité de „Pièces manuscrites, insérées dans quelques volumes. *Il y „en a d'uniques.* Le caractère en est assez gros, fort net „et très-lisible. Elles sont presque toutes de la même main. „Il y en a en diverses langues — —" et vers la fin: „je „me contente d'ajouter que cette collection..... a été faite „par un curieux très-riche, qui a employé à cette satis„faction de très-grandes sommes, qu'elle contient des richesses „géographiques que l'on chercherait inutilement ailleurs, etc."

Dans notre exemplaire la description de l'Afrique embrasse trois volumes; le dernier d'entr'eux — le trente-septième de toute la collection — porte le titre manuscrit: „*Appendix Africae, of bijvoegsel tot het gedeelte Africa,*" et ne renferme qu'une superbe carte de l'Afrique de Visscher et plusieurs vues de Tanger, gravures enluminées; tout le reste de ce volume offre un beau manuscrit, avec de nombreux dessins, dont nous ferons suivre la description à la fin de cet article; il porte pour titre: „Journael van de Ambassade vanden „Heer Anthonis de Liedekerke wegens haer Ho. Mo. de „Heeren Staeten Generael van de vereniehde Nederlanden, „gesonden naer den Coninck van Marocco, welk iournael „gehouden is op het schip Gelderlandt door Adriaen Matham „constrijk schilder die de naer volgende tekeningen ook „heeft gemaeckt." — Nous ne saurions que difficilement nous décider à croire que ce manuscrit, tel que nous l'avons sous les yeux, soit un original dû à la plume même de Matham, quoique l'écriture des fréquentes signatures de l'artiste au bas des dessins ait plus d'un trait d'affinité avec celle du texte; mais quantité d'autres circonstances viennent plaider éloquemment contre une pareille opinion : le format, conforme au reste de l'atlas et fort incommode pour un journal de voyage, la répartition du texte très-souvent interrompu sans motif apparent, la coincidence de l'écriture ¹ avec celle d'autres pièces manuscrites dans le même atlas, déja reconnue par le savant Bruzen, — tout cela tend à démontrer jusqu'à l'évidence que le manuscrit inséré dans le 37ᵉ volume ne peut être qu'une copie, sinon un simple extrait du journal de Matham; la manière dont celui-ci est ré[illegible], le silence avec lequel on y passe souvent sur une suite de plusieurs jours, nous fait presque pencher du côté de la seconde hypothèse. Quoi qu'il en soit, à défaut d'original, le présent manuscrit en tient lieu, d'autant plus que la rédaction n'en peut pas être — comme nous allons le voir — de beaucoup postérieure à celle du journal primitif. Peut-être l'original se trouve-t-il dans quelque bibliothèque particulière des Pays-Bas; mais en tout cas il ne s'est encore trouvé personne qui ait porté son attention sur cet intéressant manuscrit, car il ne nous est pas parvenu qu'il en ait jamais été édité le moindre fragment : peut-être même s'est-il perdu dans les vicissitudes qu'a subies la bibliothèque où il était conservé; en tout cas, la copie dans l'atlas de Blaeu — peut-être maintenant une des pièces uniques dont parlait Bruzen il y a cent trente-cinq ans — est d'un prix incontestable et pour la géographie et pour l'histoire.

Occupons-nous de l'âge de notre manuscrit. L'écriture dénote le XVIIᵉ siècle; mais, grâce à une notice que renferme

¹ Le titre seul, cité plus haut, «Appendix Africae» qui est indubitablement de la même main suffirait pour prouver que les pages suivantes ne peuvent pas être écrites de la main de Matham.

la lettre susmentionnée de la Martinière, et qui affirme que cet exemplaire du grand atlas avait sa forme actuelle déjà en 1680, nous sommes à même de préciser bien plus exactement l'époque où la partie manuscrite fut insérée dans le trente-septième volume de cet ouvrage. A en juger d'après l'extérieur et surtout d'après le format, elle fut écrite après la formation de l'atlas; mais comme l'année 1660 fixe à peu près l'époque où surgirent la plupart des éditions de l'atlas de Blaeu, l'insertion de la copie du journal de Matham ne peut avoir eu lieu qu'entre 1660 et 1680; l'âge d'environ deux cents ans conviendrait donc, — ce nous semble — le mieux à notre manuscrit. Quant à l'écriture, de la Martinière nous a épargné le soin d'en dépeindre le caractère; nous nous contenterons d'ajouter que l'orthographe est du XVIIe siècle, telle que l'écrivaient et Vondel et Cats, tous deux contemporains de Matham; là où aujourd'hui on écrit en hollandais deux *a*, le second *a* est remplacé à la manière flamande par un *e;* après chaque voyelle redoublée le *k* suivant est précédé d'un *c;* l'*y* est presque sans exception surmonté de deux points; au nominatif masculin nous trouvons toujours *den* au lieu de *de; aen van* et autres sont toujours réunis en un mot avec l'article masculin ou féminin suivant; la conjonction *en* change très souvent avec *ende*, etc.

Nous avons dit plus haut que le manuscrit du journal de Matham était orné de grand nombre de dessins originaux de cet artiste, lesquels certes ajoutent beaucoup à la valeur du texte; on a naturellement dû les assujetir aussi au même format, de sorte que de grandes planches se trouvent plusieurs fois repliées, tandis que, quant aux petits dessins, on en a fixé plusieurs sur une même feuille; vu que ces travaux de notre artiste, lesquels, il est vrai, ne sont restés en grande partie qu'à l'état d'esquisse, n'ont encore nulle part été exactement décrits, et que l'énumération qu'on en trouve sur pag. 91 et 92 du catalogue de Moetjens n'est que fort superficielle, nous croyons devoir en faire suivre ici une description plus détaillée; nous adopterons l'ordre dans lequel ils se suivent dans le manuscrit:

Planche 1. „Nieuw Sale," à la plume.

Pl. 2. (en deux feuilles). Vue de Saffia et des environs. (Voy. Catal. p. 91); à l'encre de Chine.

Pl. 3. Portrait de l'ambassadeur Liedekerke. (Voy. Catal. p. 92); au crayon, assez bien éxécuté.

Pl. 4. D°. Rychardus Theodori Verhaer, prolector in nave Geldriacensi," au crayon. — „A. Matham fecit in Barbaria, 1641."

Pl. 5. Un employé du navire. (Catal. p. 92); sur parchemin, au pinceau. — „A. Matham fecit in Barbaria."

Pl. 6. Même sujet; sur parchemin, au pinceau; légères couleurs. — „A. Matham fecit in Barbaria."

Pl. 7. Même sujet; sur parchemin, au pinceau; couleurs plus prononcées. — A. Matham fecit in Barbaria."

Pl. 8. احمدبرلقلن „Achmet Bousnack;" au crayon et au pinceau; couleurs assez vives.

Pl. 9. „Agor Bayma, musikant van den Kayser van Marocco" sur parchemin, au pinceau.

Pl. 10. Contient: 1°. un Maure couché sur la terre, montrant le dos. 2°. „Elias Plet, hovenier [1] van Kayser van Marocco;" au pinceau; „A. Matham fecit ad vivum. 1641."

Pl. 11. Contient: 1°. une espèce de hamac; à la plume, en grande partie éxecuté; 2°. Trois matelots jouant aux cartes; à la plume et au pinceau.

Pl. 12. „En Moorse Koken." (Vue d'une cuisine mauresque) à l'encre de Chine et au pinceau.

Pl. 13. Contient: 1°. „Een Moor van Magador, op syn

[1] Jardinier.

Sondaechs geclaet;" à la plume. 2°. „Der Mooren drinck Kroeg van leer [1] gemaecht," au crayon et à l'encre de Chine, 3°. un Maure assis, montrant le dos; — à la plume.

Pl. 14. „Mooren naer 't leven getekent door Adriaen Matham;" quatre figures, à l'encre de Chine.

Pl. 15. Même titre; sept Maures, à l'encre de Chine.

Pl. 16. Contient: 1°. un poisson; au crayon. On lit au bas ces mots presque effacés: „gevangen aent Eylant Mogador, den 19 januaer 1641." 2°. Même sujet; à la plume.

Pl. 17. Een Cruijs Heij gevangen te S. Cruz den 12 juny 1641; au crayon.

Pl. 18. Contient: 1°. „Een vis genaemt Murena, lanch ruijm 3 voeten, gevangen by St. Cruz den 27 mey 1641," au pinceau. — 2°. Un poisson, à la plume et au pinceau.

Pl. 19. Contient: 1°. Un poisson; à l'encre de Chine et au pinceau. — 2°. Même sujet „gevangen voor de Stadt Saffia, lang ruijm 3 voeten;" au crayon et au pinceau.

Pl. 20. „Een onbekende vis langh 2 voeten en een half, gevangen voor Zaffia," à l'encre de Chine.

Pl. 21. Contient: 1°. „Een Camelioen naer 't Leven," à l'encre de Chine; 2°. un poisson; au pinceau.

Pl. 22. „Een Heede [2] Heij oft mensch Eeter, gevangen byt Eylant Mogodor den 16 january 1641," au crayon.

Pl. 23. Un grand poisson; au crayon et à la plume, et lavé au pinceau; la planche se trouve renversée.

Pl. 24. „Het casteel van 't Eylant Magadoor;" longue côte assez monotone; à l'extrémité gauche s'élève le château, qui, selon Matham, ressemble à un four à chaux [3]; au

---

[1] Pour leder, cuir.

[2] Le crayon auquel les titres des huit dernières plancheses sont écrites, est tellement effacé qu'il est difficile de décider s'il faut lire: Houdee, Hoode ou Heede.

[3] Voy. le „Journal," 9 janv. 1641.

crayon et au pinceau; au bas, à gauche: „A. Matham del. ad vivum."

Pl. 25 (en deux feuilles). „'t Eylant van Magadoor, alias duijven Eijlant;" au crayon et au pinceau. — „A. Matham del. ad vivum." — On lit avec peine les mots suivants, écrits au crayon: „'T Eijlandt van Magadoor genaemt het duijven Eijlandt leijt op de Polus Hoochte 31 graden en 8 minuten [1].

Pl. 26. „Serters" un groupe d'écueils; à l'encre de Chine et au pinceau; le large filet d'or dont chacune des planches est encadrée cache la signature de l'artiste.

Pl. 27. „De stadt Marocco, 2de gedeelte" [2]; cette planche représente un long mur crénelé, au-dessus duquel s'élèvent çà et là quelques arbres ou des tours également crénelées; quelques-unes des dernières portent cependant un toit vert; dans l'arrière-plan les chauves montagnes de l'Atlas bornent la vue; au premier plan, à gauche, plusieurs maisons mauresques servent à varier un peu l'aspect uniforme produit par la longue muraille qui traverse tout le tableau; de même à l'extrémité gauche on voit par dessus le mur d'enceinte la cime des arbres du jardin Montserrat [3]. — Cette planche —

[1] Selon Don Jorge Juan de Ulloa la latitude de Mogador est de 31° et 28'. (Höst. Nachr. von Marokos. p. 73.)

[2] Cela fait conclure qu'il y avait encore un „1er gedeelte" qui manque — à moins que celui-ci ne soit compris dans cette planche, qui est à la vérité une feuille double; mais cela ne nous paraît pas probable, car le 3e gedeelte (pl. 28) est également une feuille double.

[3] Comp. les vues dans Dapper (1670) Höst (1781) Ali Bey (1814) Washington (1831) Gräberg de Hemsö (1834) et celle en titre du second volume des „Travels in Marocco" de Richardson (1860). Il existe encore une vue de Maroc de l'année 1646, qui a 2^m^50 de longueur, et qui est accompagnée d'un texte au bas de la feuille (Renou. Descr. géogr. du Maroc. p. 455.); mais, en tout cas, celle de Matham est une des plus anciennes.

à l'encre de Chine et au pinceau — est mieux exécutée que toutes les précédentes.

Pl. 28. „Marocco, 3de gedeelte;" porte le titre soigneusement écrit: „Palatium extremum magni Regis Moroci. A. Ma-„tham 1641 figuravit ad vivum." (Même méthode que celle de la planche précédente). — Sur cette planche on voit le château royal avec une haute tour crénelée, au sommet de laquelle on peut — dit-on — arriver à cheval; puis, à droite de celle-ci, la demeure des quatre femmes du roi, le lieu de sépulture des reines, ensuite la résidence ordinaire du sultan et la tour aux trois pommes d'or; enfin, en avançant toujours vers la droite, on rencontre le gros des maisons de la ville et le quartier des juifs; le premier plan du tableau est aussi formé par le mur d'enceinte crénelé, sur lequel on voit se promener ça et là des cigognes et d'autres oiseaux. Matham a enrichi cette feuille d'une inscription en vers hollandais écrite en caractères fort nets au bas du dessin, et due sans doute à la verve poétique de notre artiste même; voilà pourquoi nous la transcrivons ici:

O Koninckiycke stadt Moroco wijt bekent,
Van daer de Son begint, tot hij sijn straalen endt,
U hoff prachtich gebouwt, gaet Koninklycke hoven
In glans en heerlyckheijt, al d'andere te boven.
U boomgaert Montserraet soo rijckelijck beplant
Met aengenaem geboomt, van d'een tot d'ander kant.
Oranien', citeroen', behalven d'ander vruchten
Olijff en dadelen, een Lusthof vol genuchten.
En 't schoonste water dat men oijt met ooghen zach
Of wat wellusticheyt ter werrelt hebben mach.
Het is beclaechgelyck dat Barbarysche Ooghen
En gheene Christenen 't altijt aenschouwen moghen.
Maer 't Burgherlyck gebouw vervalt tot inde grondt

En ’t blijft gequest, vertreen, en deerelyck gewondt
Gelijcker is voorseijt van alle Koninckrycken
Gheen Koninckłyck pallaijs bij u sal sijn te glycken
Toch dat voorts al de stadt sal comen tot een val
En tenemael gelyck een schaeps stall worden sal.

A. Matham.

Pl. 29 (en 4 feuilles). „Madera,” à la plume et au pinceau. — La ville de Funchal, située au bord de la mer, se présente dans toute son étendue; superbe vue; derrière la ville s’élèvent des montagnes en partie cultivées, en partie boisées; une espèce de château, à gauche, domine la ville.

Pl. 30 (en 3 feuilles). „Vervolch ofte het twede gedeelte van ’t Eijlandt Madera”, (même méthode). L’île de Madère finit vers le milieu de la planche; les montagnes tombent dans la mer; côtes escarpées; à quelque distance de l’île de Madère on voit une autre petite île, entièrement déserte à ce qu’il paraît, au-dessus de laquelle est écrit au crayon: „Serters;” cependant ce ne peut pas être la même que celle dont la pl. 26 nous fournit une vue plus détaillée.

Pl. 31 (en 4 feuilles). „Madera, aen d’andere zijde. Eerste deel.” — Monts boisés; sur un sommet à gauche on voit un château-fort, et au dessous de celui-ci, sur le rivage de la mer, une autre espèce de blokhaus; la mer y est extraordinairement verte. — „A. Matham del. ad vivum.”

Pl. 32 (en 3 feuilles). Suite de la planche précédente. Quelques collines peu élévées, couronnées de taillis; les côtes, basses et fort monotones, se perdent, à droite, dans la mer. — „Adrian Matham f. ad vivum.”

APERÇU HISTORIQUE DES VOYAGES AU MAROC JUSQU'À NOS JOURS.

Les premières relations d'un voyage [1] fait au Maroc par des Européens, datent du milieu du XVIe siècle. Ce fut le 2 mai 1552 que le capitaine anglais *Thomas Windham* quitta le port de Londres, faisant voile vers la côte occidentale de Barbarie. Quinze jours après il arrivait à Asfi (Saffia), où cependant il ne s'arrêta que le temps nécessaire pour prendre de nouvelles provisions afin de pouvoir continuer sa route vers Agâder (St. Cruz); là, les Anglais furent fort bien reçus par le vice-roi et ils y passèrent près de trois mois à décharger leur navire et à prendre une nouvelle cargaison à bord; cette dernière consistait principalement en sucre, dattes, amandes et sirop. Ce voyage cependant portait un caractère exclusivement mercantil; — la première expédition officielle fut l'ambassade *d'Edmond Hogan* près de Moulei Abd-el-Melek, qui eut lieu vers 1577; peu de temps après, *Henri Robert* semble avoir été au Maroc également en qualité d'ambassadeur. Les relations de ces deux

[1] Nous nous bornons ici *aux voyages et aux ambassades faits au Maroc par des Européens;* l'exploration de cette contrée par Léon l'Africain, en 1514—16 entre aussi peu dans le plan de cet aperçu que les expéditions militaires des Portugais en 1506—1517, ou que les rapports de Luys de Marmol Carvajal, lesquels d'ailleurs, quoique fondés sur autopsie, ne consistent presque qu'en récits historiques des faits d'armes des Portugais.

ambassades se trouvent dans le deuxième volume de la collection Hakluyt [1]. Deux lettres, en date du 1er août 1594, écrites de Maroc par *Laurence Madoc* [2], nous fournissent des renseignements sur Timbektou et Gago, sans cependant nous donner des détails sur la ville ou sur le pays de Maroc. — Le premier voyageur qui exploita, au profit de la science, cette terre encore peu connue alors, fut le célèbre *Jean Mocquet*, né à Meaux en 1576. Après avoir déjà porté ses pas (1601) vers la terre de Mazagan en Afrique, et plus tard aux Indes Occidentales (1604), il entreprit en 1605 un voyage au Maroc; Olivier Dapper, dans son estimable ouvrage sur l'Afrique, a suivi de préférence Jean Mocquet; en 1608 ce dernier partit pour les Indes Orientales, et, après avoir été obligé de séjourner longtemps à Mozambique, il revint à Paris en 1610; l'année suivante, son ardeur religieuse le poussa à aller visiter les lieux saints, d'où il revint au mois de juillet 1612; en 1614 il voulut encore entreprendre un voyage autour du monde; mais des obstacles insurmontables le forcèrent à rester en Espagne, où il dut même se faire pharmacien pour gagner sa vie. Revenu à Paris, pauvre et malade, au mois d'août 1615, il paraît être mort peu de temps après dans cette ville [3]. Les précieux résultats de ses voyages, Mocquet les déposa dans un assez gros volume, [4] qui fut publié après sa mort et qui pendant tout le XVIIe siècle jouit d'une grande popularité.

[1] Londres 1599—1600 in fol. Vol. II. pag. 64 et suiv. et p 117 et suiv.

[2] Hakluyt's collection. Vol. II. p. 192.

[3] Beckmann, Litt. d. ält. Reisebeschr. (Götting. 1808—09. 8°). Vol, II. p. 103—114.

[4] Il porte pour titre: «Voyages en Afrique. Asie, Indes orientales et occidentales, etc." et parut à Paris en 1617; une deuxième édition en fut faite en 1645 (442 pp. in 8°.) et une troisième à Rouen en 1665; il en existe en outre des traductions hollandaise (Dordrecht 1656 in 4°.) et allemande (s. l. 1688 in 4°. 632 pp.)

Les Hollandais étaient destinés à dominer les mers pendant le XVIIe siècle: tandis que Jacques van Heemskerk découvrait Spitzbergen, et que Guillaume Baarentz et Corneliszoon cherchaient à découvrir un passage Nord-Est, Cornelis Houtman, abordant le premier aux côtes des Indes Orientales, provoqua cette série de voyages de Jean Davis, d'Etienne van der Hagen, Paul van Caerden, George Spilberg, etc., qui amenèrent enfin la création de la Compagnie hollandaise des Indes Orientales (1602); en 1606 Pierre van der Broek entrepit une expédition au Cap Vert et en 1615 Jacques le Maire et Cornelis Schouten firent le tour du monde, découvrant, outre un nouveau passage de l'Atlantique dans le grand Océan, la côte septentrionale de la Nouvelle Guinée, et une grande quantité de petites îles du côté des Moluques. Nous ne devons donc pas nous étonner de voir partir pour le Maroc déjà en 1622 une ambassade hollandaise, à la tête de laquelle se trouvait le plénipotentiaire *Ruyl*, ayant pour but de renouveler le traité de commerce conclu avec le Maroc en 1610; [1] — le fameux van Gool prit aussi part à cette expédition, et l'on prétend même que le sultan Moulei Zidan, ayant retenu fort longtemps les délégués de Hollande, van Gool lui adressa une lettre écrite en langue arabe, à laquelle on attribua plus tard tout le succès de l'ambassade [2]. Zidan mourut en 1623 [3] et eut pour successeur son fils, le cruel Abd-El-Melek, qui fut assassiné en 1634 par un renégat français [4]. Les relations

[1] Le sultan Moulei Zidan envoya en 1610 Alcayde Hamet Ben Abdala aux Pays-Bas, afin de conclure un traité de commerce avec la Hollande; ce traité, se composant de dix-huit articles, fut ratifié à la Haye le 24 décembre 1610.

[2] Bayle, p. 558, Höst (ed. allem.) p. 35.

[3] Simon de Vries, Handelingen en geschiedenissen etc. (Amsterd. 1684 in 4⁰) p. 73. — Höst, p. 35, dit qu'il mourut en 1630.

[4] Höst, p. 36.

avec ce nouveau-pays paraissent être devenues bientôt fort avantageuses pour le commerce des Pays-Bas, car déjà après une vingtaine d'années les Etats-Généraux des Provinces-Unies crurent devoir expédier vers l'empereur du Maroc une nouvelle ambassade, dans le but — „de Koophandel, de zenuw onses Lands, soo veel mogelijck was te versterken en te bevoorderen", comme dit de Vries [1]. Nous voilà arrivés à l'expédition qui, conduite par l'amiral — „zee-hoofdman" — *Antoine de Liedekerke*, forme le sujet du journal que nous publions ci-après.

Avant d'entrer dans quelques détails sur cette ambassade, qui nous intéresse spécialement, nous devons encore mentionner la délégation de deux plénipotentiaires français dépêchés par le cardinal de Richelieu vers l'empereur Moulei-El-Qualid, afin de renouveler la paix entre la France et le Maroc, qui avait été rompue depuis quinze ans; le motif de cette rupture est sans contredit fort singulier: un Français avait réussi à dérober de la bibliothèque de l'empereur un superbe manuscrit de St. Augustin, magnifiquement relié et orné d'une grande quantité de pierres précieuses, de sorte que la reliure seule avait une valeur de plus de quatre millions de florins; le sultan, extrêmement irrité de ce larcin, accusa le gouvernement français d'être d'intelligence avec l'auteur du vol et rompit son alliance avec la France [2].

Ce fut le 1er septembre 1640 que l'ambassadeur Liedekerke quitta le Texel, à bord du navire „Gelderland;" parmi ceux qui l'accompagnaient, nous citerons le secrétaire van der Sterre [3], le peintre Adrien Matham de Haarlem, un autre peintre, d'Amsterdam, dont le nom ne nous est pas parvenu, et la fille de Jan Janszon van Haerlem, qui allait voir

---

[1] Handel. en geschied. p. 77.

[2] Ibid. p. 76.

[3] Il mourut à Asfi le 12 février 1641.

son père [1], habitant au Maroc. Après un trajet de plus de trois mois — le 9 décembre 1640 — Liedekerke arriva en face de la côte de Barbarie, où le lendemain il jeta l'ancre devant Slà (Salee); le 24 du même mois il entra en rade devant Asfi, où il resta jusqu'aux premiers jours de l'année suivante; après avoir jeté, le 8 janvier (1641), l'ancre vis-à-vis de Soueira (Mogador), il retourna le 27 sur la rade d'Asfi; là il apprit que l'empereur du Maroc, charmé de pouvoir renouveler l'alliance avec les États-Généraux, lui préparait un très-favorable accueil. Après un séjour d'environ trois semaines à Asfi, Liedekerke partit le 7 mars, en compagnie du gouverneur de cette ville, et du susdit Jan Janszoon pour la capitale du royaume; une garde d'honneur composée de 200 cavaliers Maures, sous le commandement d'un Français, Rammerdam, formait son cortége pendant sa route d'Asfi à Maroc; le 11 mars 1641 l'ambassade hollandaise fit son entrée dans la capitale [2], et, quatre jours après, Liedekerke avec toute sa suite eut audience auprès du sultan Moulei-El-Oualid. L'ambassadeur exposa d'abord le but de sa mission, qui était non seulement de consolider les relations amicales de son pays avec le Maroc, mais encore d'affranchir, moyennant rançon, les sujets hollandais qui se trouvaient esclaves dans ce dernier pays [3]; ensuite le sultan écouta avec beau-

[1] Sur Jan Janszon voy. Journal, pag. 50. Note 2.

[2] Matham perpétua le souvenir de cette solennelle entrée par cinq gravures gr. in fol., devenues rares à présent, et dont un exemplaire se trouve dans la précieuse collection d'estampes de M. Frédéric Muller à Amsterdam; nous devons cette notice à une bienveillante communication du propriétaire de ladite collection.

[3] De Vries, p. 78. „.... *verrightende voorts sijnen Last: welcke was, om de Vriendschap en 't onderlingh goed verstand te vernieuwen en te vermeerderen: oock om te verlossen de daer sittende Slaven uijt de Vereenighde Nederlanden.*" — Le journal de Matham ne nous instruit que très imparfaitement sur la mission de Liedekerke.

coup d'intérêt le récit des guerres des Provinces-Unies contre le puissant monarque d'Espagne [1].

Environ deux mois après son arrivée à Maroc, Liedekerke quitta cette capitale le 8 mai et alla rejoindre son navire à Asfi; le 22 il fit voile vers Agâder, où il devait recevoir des mains du cruel Sidi Ali 45 les sujets hollandais que ce tyrannique „Santon" — gouverneur — retenait depuis trois ans dans un barbare esclavage [2]. Après les avoir pris à bord du Gelderland (14 juin) l'ambassadeur se mit en mer le 6 juillet, et toucha enfin, non sans avoir eu à lutter en route contre bien des périls, le 12 novembre 1641, le sol de sa patrie, d'où il avait été absent quatorze mois et douze jours [3].

Le voyage du capitaine *Roland Fréjus*, envoyé au Maroc par le roi de France, eut un but semblable à celui de l'ambassade précédente, c'est-à-dire de contribuer à affermir les relations commerciales avec les États Barbaresques. Fréjus partit d'Almeria le 5 avril 1666, et y rentra le 21 juin de la même année; il nous a laissé de son voyage une relation [4] qui cependant ne donne des renseignements détaillés

---

[1] De Vries, p. 78.

[2] Quelques années auparavant, deux navires de la Compagnie des Indes Occidentales avaient fait naufrage sur la côte de Barbarie; le premier, parti de la Hollande le 17 avril 1638, avait eu nom „Erasmus van Rotterdam" et un équipage de 51 personnes; le second „Maeght van Dordrecht" en avait eu un de 28; tous tombèrent au pouvoir du Santon d'Agâder, Sidi Ali; de l'équipage du premier vaisseau, cinq malheureux succombèrent bientôt au rude traitement, un sixième se fit Maure; les autres 45 furent délivrés par Liedekerke.

[3] Nous avons fidèlement suivi dans ce récit de l'expédition Liedekerke, le journal de Matham. — D'après le rapport présenté le 8 mars 1642 aux États-Généraux, les dépenses de l'ambassade s'élevèrent aux sommes suivantes:

Rançon de 45 esclaves	17.042 fl.
Intérêts de ce capital à $18\frac{1}{2}$ % pour 5 mois.	3.152 fl.
Cadeaux à l'empereur du Maroc	15.197 fl.
en somme. .	35.391 fl.

[4] Relation d'un voyage fait en 1666 aux royaumes de Maroc et de Fes. Paris

que sur les provinces du royaume de Fes, attendu que l'auteur ne poussa pas au-delà de la ville de *Jâza*.

Lancelot Addison, premier ministre de l'ambassade de l'Angleterre auprès de l'empereur du Maroc, et qui résida dans le pays, de 1666—1669, publia un assez mince volume in-12°. [1], dont cependant la deuxième partie renferme des informations fort intéressantes, parfois à la vérité très-curieuses sur la manière de vivre des Maures, sur leurs moeurs, leur religion, etc., tandis que la première partie traite exclusivement de l'histoire de son temps. — Peu d'années après, le capitaine de vaisseau baron *de Saint-Amand* alla, en qualité d'ambassadeur extraordinaire de la France au Maroc, et écrivit également sur son séjour un petit volume in-12° [2]; mais de tous les voyageurs qui visitèrent le Maroc pendant le dernier quart du XVIIe siècle, il n'en est aucun dont les expériences pussent rivaliser en richesse et en vicissitudes avec celles du sieur *Mouette*.

Il partit de Dieppe le 31 juillet 1670, pour se rendre aux îles Caraïbes; s'étant arrêté quelque temps dans un port d'Angleterre, il se mit en mer au commencement d'octobre; mais, le 16 de ce même mois, le navire où il se trouvait fut attaqué par deux vaisseaux pirates. Tous les hommes de l'équipage, faits prisonniers, furent transportés à Slà, principal repaire des corsaires de Barbarie, et là, vendus comme esclaves sur le marché public; un chevalier de Malte avec sa mère fut vendu 1500 couronnes, — et Mouette lui même, 360. Il décrivit les affreux tourments de

---

1670, in 12°. — Nouv. édit. Paris 1652, in 12°. — Trad. holland. La Haye 1698, in 8°. — Trad. angl. Londres 1771, in 8°.

[1] West-Barbary, or narration of the revolution of Fes and Marocco. Oxford 1671. — Trad. allem. Frankf. 1672 in 12°.

[2] Voyage du baron de Saint-Amand, ambassadeur vers le roi de Maroc. Lyon 1683 in 12°. — Nouv. édit. Lyon 1696 in 8°.

sa captivité dans un petit volume in-12°, qui attira sur lui l'attention de toute l'Europe. [1] Le récit de la cruelle dureté, avec laquelle les malheureuses victimes furent traitées ne peut pas manquer de révolter tout coeur humain contre une si extrème barbarie [2]; et, quoi qu'on en dise, Mouette n'exagéra pas; il gémit plus de dix ans dans les cachots souterrains de Maroc, de Fez et de Meknes, jusqu'à ce qu'enfin, en 1681, plusieurs religieux venus de France obtinrent sa délivrance moyennant une assez forte rançon [3].

Les dernieres nouvelles du XVIIe siècle que nous possédons sur le Maroc, nous les devons à l'embassadeur de France auprès de l'empereur Moulei-Ismael — le sieur *Pidou de St. Olon* [4], qui se rendit au Maroc en 1693. Pendant son séjour dans ces contrées il eut occasion de voir outre la capitale beaucoup d'autres villes du royaume et nous avons lieu de croire qu'il fut un observateur assez fidèle. Au XVIIIe siècle les rapports sur le Maroc commencent à se multiplier considérablement; nous citerons en première ligne la „Mission historial de Marruecos" du frère *San Juan de El-Puerto* [5], la „relation de Maroc par *Don Joseph Dias*, ambassadeur (d'Espagne) près du roi de

---

[1] Histoire de la captivité du sieur Mouette dans les royaumes de Fez et de Maroc. Paris 1683.

[2] On trouve aussi des renseignements sur le traitement des esclaves en Barbarie, dans un appendice joint à la traduction hollandaise de l'histoire de Pierre Dan; il porte le titre suivant: „De Rampzalige en zeer gedenkwaardige Wedervaardingen van een Slaaf die te Salé vier jaaren in de Slaaverny der Ongeloovigen versleeten heeft. Met een kort Verhael van het leeven des Koninge Taffilette. In 't Fransch beschreeven door Mons. Galonnye, die selve die rampen heeft geleeden, en uit die taal in 't Nederduitsch gebracht door G. van Broekhuizen." — L'original français nous est inconnu.

[3] Leyden, Discoveries and travels in Africa. (Edinb. 1817 in 8°.) Vol. I. p. 214—220.

[4] Etat présent de l'empire du Maroc. Paris 1694 in 12° — Trad. holl. La Haye 1698 in 8°.

[5] Sevilla 1708. in 4°.

Maroc" [1], et la „Relation de ce qui s'est passé dans les trois voyages que les religieux de l'ordre de Nostre-Dame de la Mercy ont faits dans les *états* du roy de Maroc, pour la rédemption des captifs, en 1704, 1708 et 1712 [2]. En 1721 l'amiral *Stewart*, qui commandait une escadre anglaise sur les côtes de Barbarie, reçut ordre de se rendre auprès de l'empereur du Maroc, afin de conclure avec celui-ci un traité relatif à la reddition des captifs. ***John Windhus***, qui l'accompagnait, livra une très-bonne description de cette ambassade [3]. Ils arrivèrent à Tetuan le 6 mai, et se mirent le 13 juin en chemin pour Meknès, où l'empereur résidait alors; arrivés le 3 juillet dans cette ville, ils furent reçus trois jours après en audience par l'empereur (6 juillet); Windhus décrit avec une minutieuse exactitude les détails de cette audience: l'empereur était encore le même Moulei-Ismael dont nous avons parlé plus haut; il régnait déjà depuis cinquante-trois ans [4], et était âgé de 87 ans, portant à la vérité les traces et les infirmités d'un âge si avancé; Moulei-Ismael [5] avait été jusque dans sa vieillesse d'une cruauté atroce, et Windhus raconte de lui quantité de traits inouis de barbarie. A l'arrivée de l'ambassade anglaise à Meknès, le total des chrétiens captifs était de 1100, dont à peu près 300 Anglais, 400 Espagnols, 165 Portugais, 152 Français, 60 Hollandais, 25 Génois et 3 Grecs; les sujets anglais furent tous mis en liberté [6]. Peu d'années après les P. P.

---

[1] Londres 1710. in 4°.

[2] Paris 1724. in 12°.

[3] A journey to Mequinez. London 1725. in 8°. — Trad. allem. Hannov. 1726. in 4°.

[4] Depuis 1672.

[5] Dominique Busnot a écrit „l'Histoire du règne de Moulei-Ismael." Rouen. 1714. in 12°.

[6] Leyden. Vol. II. p. 221 –229.

Jean de la Faye et *Denis Mackar* [1] allèrent au Maroc, dans un but semblable, mais dans l'intérêt des sujets français; nous ne savons s'ils furent aussi heureux dans les résultats de leur mission que l'avait été l'anglais Stewart.

Vers le milieu du siècle dernier — en 1751 — le gouvernement danois envoya vers l'empereur Abd-Allah, ou plutôt vers son fils Mohammed, qui dirigeait les affaires de l'état, tandis que son père passait son temps à boire et à faire verser du sang — une ambassade composée de deux frégates, à l'effet de conclure un traité de paix et de commerce; le lieutenant-colonel *Longueville* fut chef de cette expédition; mais le manque de toute connaissance du pays, et la trop grande confiance dans un misérable aventurier, juif marocain, furent cause de sa malheureuse issue, que Raun a pris soin de nous décrire en vers danois [2]; les Maures dépouillèrent et firent prisonnier tout l'équipage; l'auteur de la description poétique mentionnée ci-dessus, ainsi que le lieutenant F. C. Kaes, qui plus tard avança jusqu'au grade d'amiral, se trouvèrent aussi parmi les captifs; quant au colonel Longueville, on lui assigna un jardin à Maroc, où il fit construire à ses frais une maison, qui — d'après Raun — ne se composait que de trois chambres, n'avait qu'un seul étage, et était couverte d'un toit plat; Höst loua plus tard les agréments de cette demeure, qu'on appela „Lerscha" et dont il nous conserva le plan. — En 1753 le capitaine *Lützow* parvint cependant à conclure un traité de paix avec le Maroc et à obtenir une concession pour l'établissement d'une compagnie de commerce danoise, qui se

---

[1] Ils déposèrent les observations de leur voyage dans un ouvrage intitulé: „Relation en forme de journal du voyage pour la rédemption des captifs aux royaumes de Maroc et d'Alger pendant les années 1723, 1724 et 1725. Paris 1726 in 12°.

[2] Kjöbenhavn 1754

maintint en effet pendant quatorze ans [1]. Les Danois semblaient avoir à cette époque pris pied ferme au Maroc, et en effet nous devons au consul danois, *George Höst*, qui résida de 1760 à 1767 à Soueira, un considérable accroissement de connaissances sur ce pays; son ouvrage [2], qui est encore estimé de nos jours, renferme de nombreuses notices fort précieuses pour la topographie, puis un fort bon aperçu historique, et d'amples renseignements sur la vie privée des Maures et des Barbares; les autres chapitres traitent de l'administration, de l'armée, de la piraterie, du commerce, de l'état de culture intellectuelle, etc. Ce qui rehausse de beaucoup la valeur de cet ouvrage, ce sont 34 planches, gravées d'après les dessins des architectes danois Schröder et Heine [3], qui séjournèrent longtemps dans ces contrées.

Quoique la route d'Asfi à Maroc ait été parcourue par un grand nombre d'Européens, nous ne la connaissons cependant que par l'itinéraire du comte *de Breugnon*, conversé dans les archives du ministère des affaires étrangères de France, et rapporté par M. Thomassy dans son intéressant ouvrage sur l'empire de Maroc [4]. Le comte de Breugnon, envoyé extraordinaire à la cour de Maroc, amenant avec lui Chenier, qu'il devait y laisser comme consul, partit d'Asfi le 11 mai 1767 [5] pour se rendre à la capitale. Che-

[1] Höst (edit. allem.), p. 61—62.

[2] Efferitningen om Marokos och Fes. Kjöbenhavn 1779. in 4°. Trad. allem. Kopenh 1781. in 4°.

[3] Heine mourut même au Maroc.

[4] Relations de la France avec le Maroc. p. 159.

[5] Voici son itinéraire :

Asfi.		
Azai-Ham-Zinma, plaine cultivée	1	jour.
Grilna-Rasselin, saline minérale	1	»
Bitinef, au bord d'un ruisseau	1	»
Saint-Horra	1	»

nier [1] n'a pas parlé de cette route; il en a du reste parcouru beaucoup d'autres dont il ne dit pas un mot, on peut adresser le même reproche à Grey Jackson, qui visita le Maroc au commencement de notre siècle. On est étonné que ces deux auteurs, qui ont parcouru l'empire de Maroc presque dans tous les sens, en aient laissé des descriptions aussi défectueuses. — Absolument la même route qu'avaient suivie Liedekerke en 1641 et le comte de Breugnon en 1767 fut parcourue en 1773 par une ambassade portugaise [2], à la tête de laquelle se trouva le marquis *de Cavalho;* celui-ci n'évalue la distance de Maroc à Asfi qu'à 18 lieues, et cependant il employa cinq jours à la parcourir [3]. De cette

---

Macharra	1 jour.
Ben-Himy, sur la rivière de Maroc .	1 „
Maroc	1 „ 2h.
	6 jour 2h.

Comparez l'itinéraire de Höst (p. 95—96) que voici:

Asfi.	
Sid-Hamed-Tisi.	6½ heures.
Hakor, un puits	3½ „
Ras-elein, une source	4½ „
Tefelia, un puits	1½ „
Bir-Nahel, un puits	1½ „
Menzella	1 „
Femtagoria, un puits.	2 „
Tensif, (la rivière de Maroc) . . .	4 „
Maroc.	2½ „
	27 heures.

La distance de Maroc jusqu'à la rivière Tensift se trouve presque partout portée à deux lieues, distance donnée aussi par Matham (Voy. Journal 8 mai 1641). Liedekerke fit le trajet d'Asfi à Maroc en quatre jours.

[1] Il était consul de France à Asfi, de 1767 à 1768.

[2] Le journal de ce voyage se trouve publié dans „O Panorama, jornal litterario etc." Lisboa 1839. gr. in 8°.

[3] Renou, Descrips. géogr. de l'empire de Maroc. (Paris 1846. gr. in 8) p. 212. L'ambassade portugaise fit le trajet de Soueira à Maroc, et de Maroc à Asfi.

même époque il nous faut encore citer les voyages *d'A. Rochon* [1], qui embrassèrent plusieurs années à partir de 1767, et le voyage fait par ordre du roi de France en 1771 et 1772 par *Verdun Borda* et *Pingre* [2]. En 1788 H. Haringmann s'arrêta deux mois au Maroc, et publia un aperçu descriptif de son séjour dans ce pays [3].

Au mois de septembre 1789 Moulei-Absoulem, le fils favori du sultan de Maroc, adressa au consul anglais à Tanger, Matra, la prière de lui envoyer un médecin anglais, afin de pouvoir le consulter sur l'état fort critique de sa santé; de larges promesses furent faites à celui qui entreprendrait le voyage. On engagea *Guillaume Lemprière*, chirurgien anglais stationnant alors à Gibraltar, à se rendre à Tarudant, où habitait le prince marocain. Lemprière partit donc le 14 septembre 1789 de Gibraltar, et alla par Tanger, Slà et Soueira, à la capitale de la province de Suz. Là il fut reçu avec une extrême affabilité par le prince Absoulem, dont les yeux étaient tellement affectés d'une „gutta serena" qu'il était en danger de perdre la vue. Lemprière se mit aussitôt en devoir de commencer sa cure, mais il ne se promettait qu'un fort médiocre succès; en outre il eut toutes les peines du monde à faire prendre ses remèdes au prince; ce dernier ne pouvait pas se résoudre à croire qu'une potion prise intérieurement pût avoir effet sur les yeux, et de plus on lui avait assuré que les médicaments européens produiraient sur sa constitution un effet nuisible, sinon pernicieux. S'étant cependant laissé résoudre à faire un essai, il se sentit de suite soulagé à tel point qu'il se décida aussitôt à

---

1 Trad. allem. s. l. t.: „Reise nach Marokko und Indien in den Jahren 1567 bis 1773." Weimar 1804. in 8°.

2 Paris 1778. in 4°. 2 Vol.

3 Beknopt dagjournal etc. 's Gravenhage 1804. in 8°. — Trad. allem. Weimar 1805. in 8°.

continuer la cure, et Lemprière gagna par cela considérablement en faveur auprès du prince. Mais les femmes du harem étaient aussi pressées de consulter le médecin européen; néanmoins ce ne fut qu'avec beaucoup de difficultés que Lemprière réussit à satisfaire aux désirs de celles-ci et à contenter sa propre curiosité. Il décrit avec beaucoup de détails ses premières visites dans le harem; plus tard, il trouva cependant, à se faire admettre dans ce sanctuaire oriental, d'autant moins d'obstacles qu'il avait fait plus de progrès dans les bonnes grâces du prince. Après un séjour de cinq semaines à Tarudant, et encore avant d'avoir achevé la cure d'Absoulem, il reçut ordre de se rendre à la cour de Maroc. Le 30 novembre il quitta Tarudant; son chemin le conduisit à travers une des chaînes les plus élevées de l'Atlas; la description de cette route, des villages qu'il rencontra, et en général de toute la contrée, offre beaucoup d'intérêt; le 3 décembre il arriva à Maroc. Le récit de ce qu'il vit et observa dans la capitale nous mènerait trop loin; nous nous bornerons à dire que sa description de l'audience qu'il eut auprès du sultan, et des visites nombreuses qu'il fit dans le sérail, soit par curiosité, soit pour exercer son art, vaut bien la peine d'être lue. Il quitta Maroc le 12 février 1790 et retourna par Bulnane, Slà et Tanger à Gibraltar, où il rentra enfin le 27 mars [1].

Si l'on fait abstraction du voyage du botaniste danois Schousboe [2], qui s'appliqua tout spécialement au règne végé-

---

[1] Leyden, Discov. and travels in Africa. Vol. II. p. 235—244. Lemprière décrivit son voyage dans un livre intitulé: A Tour from Gibraltar to Tangier, Salee, Mogador, etc. London 1791. in 8°. — Trad. franç. par M. de Sainte-Susanne. Paris 1801. in 8°. — Trad. allem. (Berlin 1792. in 8°) dans le VIIIe volume du „Magazin von merkwürdigen neuen Reisebeschreibungen."

[2] (Observations sur le règne végétal, recueillies pendant un voyage dans l'empire de Maroc, pendant les années 1791—93) en dan. Copenh. 1800. — Trad. allem. Kopenh. 1802.

tal du Maroc, ce pays ne fut plus, depuis Lemprière, visité dans un but scientifique, que par fort peu de voyageurs, jusqu'à ce qu'enfin l'intérêt, excité par des évènements politiques au commencement de notre siècle, provoqua une série de descriptions qui nous remirent au courant sur l'état de cette partie du monde. Le colonel *Keating* publia des „Voyages en Europe et en Afrique" [1], résultats d'une excursion au Maroc, par la France, l'Espagne et le Portugal. Ce voyage, fait en 1785, servit cependant aussi peu à élargir nos connaissances dans la géographie et la topographie du Maroc, que celui du prince russe Potocki [2]. Nous trouvons en revanche des nouvelles historiques et statistiques assez intéressantes dans l'ouvrage du suédois *Olof Agrell* [3], qui visita le Maroc en 1797. Un Espagnol, qui voyagea déguisé en turc, sous le nom *d'Ali-Bey*, publia des „Voyages au Maroc, à Tripoli, etc." [4]. Il débarqua à Tanger, où il eut occasion de voir l'empereur; de là il se rendit par Meknès à Fes, où il passa un hiver entier (1803—04) et puis visita Slà, Azemmour, Soueira et Maroc; retourné à Fes par Azemmour Slà et Meknès, il visita Têza Temeçouin et Ochda, regagna Temeçouin par une route plus méridionale, et se dirigea de là par Têza, Ksar-el-Kebir vers El-Araich (Larache) où il s'embarqua pour Tripoli. Le reste de son voyage et son séjour à la Mecque, quoique formant la partie la plus curieuse de son récit, n'entrent pas dans le cadre de cet

---

[1] Travels in Europe and Africa, comprising a journey through France, Spain and Portugal to Marocco. London 1816. in 4°.

[2] Voyage dans l'empire de Maroc. Varsovie 1792. in 8°.

[3] Trad. du suéd. en allem. par Fr. Gottlieb Canzler, av. l. t. Neue Reise nach Marokko, welche im Lande selbst gesammelte interessante historisch-statistische Nachrichten bis in das Jahr 1797 enthält. Nürnberg 1798. in 8°.

[4] Travels in Marocco. Tripoli etc. (1803—05). London 1816. in 4°. 2 vol Il écrivit en outre: Voyages en Afrique et en Asie, pendant les années 1803—7 Paris 1814. in 8°. — Trad. allem. Weimar 1816—17. 2 part. in 8°.

aperçu. Ali-Bey détermina par des observations astronomiques la position géographique d'un assez grand nombre de points; plusieurs d'entr'eux ont été déterminés de nouveau, en 1829, par M. Washington, et en 1835 par M. Arlett. — *James Grey Jackson*, qui résida plusieurs années à Agâder, dans une maison de commerce, nous a laissé une fort bonne description de l'empire de Maroc [1], entièrement dénuée de récits d'aventures personnelles. Cependant nous ne saurions ajouter foi à ses rapports sur la population, quoiqu'il prétende les avoir extraits des „Registres de l'Empire". Il la fixe à 14.400.000 âmes, ce qui nous paraît assez exagéré; aujourd'hui on évalue la population du Maroc à 8.700.000 habitants [2].

M. *de Caraman* fit partie en 1825, d'une ambassade française qui se rendait de Tanger à Fes, auprès du sultan Moulei Abd-er-Rahman, et fit dans ces lieux une exploration, qui a été publiée dans le „Spectateur militaire" du 15 août 1844. Cette exploration, bien supérieure à toutes celles qui ont été faites dans des circonstances semblables, a en outre le mérite de n'offrir presque partout que des noms fort exacts. M. Delaporte, qui faisait partie de la même ambassade, a aussi conservé des notes très-détaillées sur ce voyage. L'année suivante, *G. Beauclerk* [3] visita le Maroc, — et M. *Washington*, qui fit partie d'une ambassade anglaise, envoyée dans ce pays à la fin de l'année 1829, communiqua une relation et une carte de son voyage à la Société de géographie

[1] Account of the empire of Morocco. London 1809. in 4°. — Nouv. édit 1811. in-4°. — Trad. allem. Halle 1815. gr. in-8°.

[2] Xavier Darrieu l'estimait à 8.000.000 (Revue des Deux Mondes, Octob. 1844).

[3] Journey to Marocco in 1826. London 1828. in 8°. — Trad. allem. Jena 1829. in-8°.

de Londres, qui les a publiées en 1831 [1]. L'ambassade britannique partit de Tanger le 9 novembre 1829 et traversa successivement Ksar-el-Kebir, Mehedia, Slà et Rbât, Azemmour, et entra à Maroc le 10 décembre. De là la caravane retourna par un autre chemin à Fdâla et Rbât, puis par El-Araich et Acîla à Tanger, où elle rentra le 6 février 1830 [2]. Ce fut dans cette même année (1830) que l'Autriche envoya pour la première fois une ambassade à la cour de Maroc; M. *de Pflügl* nous en a conservé les détails dans son journal de voyage [3]. Le baron *Ferd. d'Augustin* fit également en 1830 un voyage au Maroc, et publia en 1830 un assez beau volume in-8°, orné de vingt vues, en partie coloriées [4].

En 1835, le lieutenant *Arlett*, de la marine royale d'Angleterre, leva toute la côte occidentale du Maroc, entre les caps Bojador et Spartel; ce travail, en trois feuilles, dont deux à l'échelle de $\frac{1}{560.000}$ environ, et la troisième, celle de la partie la plus méridionale, à une échelle moitié moindre, a paru en 1844 à Londres; mais M. Arlett, dès l'année

[1] The journal of the roy. geogr. soc. of London. Vol. I. 1831, avec une carte du Maroc à l'échelle de $\frac{1}{1.600.000}$. Une traduction abrégée de cette relation et une réduction de la carte qui l'accompagne, ont paru dans le „Bulletin de la Soc. de géogr. de Paris", 2e série, tome II. 1832. (Carte à l'échelle de $\frac{1}{2.000.000}$). Une excellente carte du Maroc, c'est celle de M. Emilien Renou (Paris 1845) à l'échelle de $\frac{1}{2.000.000}$.

[2] Renou, Descript. géogr. du Maroc, p. 7—8.

[3] Tagebuch der Reise der K. K. Gesandschaft in das Hoflager des Sultans von Marokko, 1830 — dans les „Jahrb. d. Literatur" Anzbl. 1834. III. IV. 1835. I. III.

[4] Erinnerungen aus Marokko, gesammelt auf einer Reise im J. 1830. Wien. 1838. in-8°. Augustin écrivit encore un second ouvrage, qui porte

1836, a communiqué à la Société de géographie de Londres une notice et une carte à l'échelle de $\frac{1}{0.0003.00}$ [1]; une traduction de la première a été donnée dans le Bulletin de la Société de géographie de Paris, de janvier 1837 [2]. En décembre 1835 et janvier 1836, l'anglais *Davidson* [3] suivit à peu près la même route que Washington avait parcourue six ans auparavant, de Tanger à Maroc; son itinéraire [4] n'offre d'ailleurs pas beaucoup plus de détails que celui de ce dernier voyageur [5]. — M. *John Drummond-Hay,* qui succéda à son père dans le consulat d'Angleterre à Tanger [6], publia en 1844 un ouvrage dont la forme est bien plus littéraire que scientifique, mais qui contient pourtant quelques détails sur la contrée comprise entre El-Araich et Tanger [7]. Dans le même temps le journal „l'Algérie" publia, par articles détachés, depuis le 12 septembre 1844 jusqu'au 26 avril 1845, un voyage ayant pour titre: Souvenirs d'un voyage au Maroc. L'auteur, Mr. *Rey*, parcourut à cheval la route de Dar-Beida à Tanger, par Slà, Mamora, Ksar-el-Kebir, et Acîla; il donne des détails intéressants sur la contrée qu'il a visitée, et cite plusieurs points inconnus aux autres voyageurs.

---

le titre: Marokko, in seinen geographischen, historischen, religiösen, politischen, militärischen und gesellschaftlichen Zuständen. Nach eigener Anschauung geschildert. Pest 1845. gr in-8⁰.

[1] The journal of the roy. geogr. soc. Vol. VI 1836.

[2] 2e Série, Tome VII. 1836.

[3] Il fut assassiné au Maroc, par ordre de l'empereur, dit-on.

[4] African journal 1835—36. Lond. 1839. in-4⁰.

[5] Il cite cependant plusieurs points dont Washington ne parle pas; il partit de Maroc le 17 févr. 1836, et arriva à Soueira le 25 févr.

[6] Il occupe encore aujourdhui ce poste.

[7] Western-Barbary, its wild tribes and savage animals. London 1844. in-8⁰. — Trad. franç. (par Mme Louise Sw. Belloc). Paris 1844, in-8⁰. — Trad. allem. Stuttg. 1846. 4 Vol. (Tom. 57—60 du „Weltpanorama").

Les dernières années nous ont valu un nouvel accroissement de connaissances sur le Maroc; Mme Richardson a publié à Londres les résultats des voyages de feu son mari, *James Richardson*, dans ces contrées [1]; d'ailleurs, quoiqu'il ne soit dit nulle part dans tout l'ouvrage en quelle année le voyage de Richardson eut lieu, il paraît avoir été fait en 1849, sinon auparavant; l'auteur mourut à Bornou, dans l'Afrique centrale, le 4 mars 1851. L'ouvrage de Richardson n'est pas un récit continu de voyages; c'est plutôt une description du Maroc, des principales villes des côtes et de l'intérieur, des moeurs, du culte, du commerce, etc. des Maures, basée sur un examen personnel; le premier volume traite principalement des côtes, le second, de l'intérieur; Soueira (Mogador) y est traité avec une prédilection toute particulière.

Le dernier voyageur qui ait visité le Maroc, c'est M. *Moise Montefiore*, député de la commune israélite de Londres vers le sultan de Maroc afin d'obtenir un traitement plus doux de leurs coreligionnaires dans les vastes états de ce souverain. Parti de Gibraltar le 6 janvier 1864, Montefiore, avec les députés qui l'accompagnaient, arriva le 10 janvier à Soueira, où ils séjournèrent jusqu'au 17 du même mois; ils quittèrent cette ville à deux heures de l'après-midi, et firent leur entrée à Maroc le 25 janvier, après un voyage de neuf jours [2]. Montefiore, vivement appuyé par les gouvernements d'Autriche et de Hollande, réussit en effet à faire cesser les vexations auxquelles les juifs avaient été en butte dans le dernier temps, principalement dans l'intérieur de l'empire marocain. Deux jours avant l'arrivée de Montefiore à Maroc, cette capitale avait beaucoup souffert de l'explosion d'un magasin, qui renfermait 400 quintaux de poudre [3].

---

[1] Travels in Morocco. London 1860. 2 Vol. in-8°.

[2] Missione di Marocco. Giornale di viaggio. Trieste 1864. in-8°. (12 pp.)

[3] „Gibraltar Chronicle", 3 févr. 1864.

JOURNAEL

vande Ambassade vanden Heer Anthonis de Liedekerke wegens haer Ho. Mo. de Heeren staeten Generael vande verenichde Nederlanden gesonden naer den Coninck Van Marocco, welk iournael gehouden is op het schip „Gelderlandt" door Adriaen Matham constrijk schilder.

1640.
September.

Op den eersten septemb. A⁰ 1640 naer den middach omtrent de clock vier uijren hebben wij in Texel ons ancker gelicht, de wint sijnde Oost, met een haerde coelte, ende groten regen, ende des avonts met den donckeren sijn wij buijten gaets [1] geraeckt, maer de wint vallende dreven [2] dien nacht voort met grote stilte onse cours settende suijt West, en suijt west ten westen.

Den 2 ditto. de wint zuijt oost sijnde met stilte enz.

Den 3 ditto. hadden den windt Noort Oost & omtrent de clock een uijren naer den middach cregen wij int gesicht Calis Cliff [3].

den 4 ditto. hadden wij Noort Oost onse cours settende Z. W. en Z. W. ten westen, daer naer setten wij onze cours N. W. ten westen, naar de middernacht W. N. W. en N. W. ten westen.

den 5 ditto. de wint als voren ende hadden 's morgens Orney [4] op zij [5] in het gesicht dwars van ons, ende setten onse cours west.

---

[1] hors du port.

[2] sous-entendu „wij", en général le pronom „nous" se trouve très-fréquemment sous-entendu dans le cours de ce journal.

[3] peut-être Cap Gris Nez au S. O. de Calais.

[4] C'est probablement l'île d'Aurigny; cependant, comme plus tard le nom d'Ornay se trouve lié à celui de Garnsey (Guernesey), il pourrait peut-être aussi signifier Gersey.

[5] pour: op zijde, de côté.

den 6 ditto. den wint liep tegens den avondt west, setten onse cours Z. W. ten Westen.

den 7 ditto. de wint als voren, onse cours was N. W. en N. W. ten westen.

den 8 ditto. hadden wij 's morgens Goudstert [1] van ons ende conden met dese cours Pleymuijen [2] besaijlen, de windt was als voren met moeije coelte ende regen.

den 8 ditto. des morgens de wint uijt den Zuijen, setten onse cours oostelijck aen.

den 9 ditto. &.

den 10 ditto. de wint van Z. W. hadden wij dode mans hooft, &.

den 11 ditto.

den 12 ditto. &.

den 13 ditto. de wint N. W. setten onse cours zuijt oost ten zuijden, waren omtrent 's morgens ten negen uijren tussen Hermontiers [3] en heys. ende hadden moeij weer met eene gemene coelte, daer nae liep de wint westelijck, ende setten onse cours doen Z. Z. west aen ende op den middach hadden wij Heijs op zij ende kregen een moeie coelte, omtrent middernacht quamen wij op de Rede voor St. Marten [4] ende lieton ons ancker vallen.

den 14 &.

den 15 &.

---

[1] Promontoire de Devonshire appelé en anglais Start Point, et situé au S. de Start Bay, qui reçoit le Dart River près de Dartmouth, à l'extrémité N. de ce golfe.

[2] Plymouth, port considérable de l'Angleterre, dans Devonshire, à l'embouchure de Tamer River et au N. du Plymouth Sound.

[3] Probablement l'ile de Noirmoutiers, pour laquelle on trouve aussi les noms de Her et de Herio; elle fait partie du département de la Vendée.

[4] St. Martin de Ré, petite ville de 2580 âmes. sur l'ile de Ré, qui appartient au département de la Charente inférieure.

den 16 &.

den 17 &.

den 18 hebben wij van voor St. Marten ons ancker gelicht ende sijn naer Ripperdoe geseijlt.

den 19 sijn wij bij Rochelle nae, of onder 't bos geseijlt.

den 20. 21. 22. 23. 24. 25. sijn wij besich geweest ons schip schoon te maken, ende van vervarsinge te voorzien.

den 26 ons ancker gelicht, en noch dien avondt op de Rede voor Ripperdoe gekomen.

den 27 &.

den 28 &.

den 29 &.

den 30 &.

den 1 October &. October.

den 2 &.

den 3 &.

den 4 &.

den 5 & tot den *eersten November toe.*

Den 1 November sijn wij wederom t'zeijl gegaen. in 't November.
eerst hadden wij twe of drie daegen goeden windt om onse raijs naar Barbarien te vervorderen, doch hadden daer naer in de bocht sijnde omtrent de caep Finis Terrae soo grooten onweer [1] dat wij in perijkel waeren van schip en leven te verliesen, principalijck het schip voor aen 't Gallioen [2] en op andere plaetsen seer leck sijnde.

Den XI ditto. sijnde St. Martensdach sijn gekomen op een goede rede bij het Eijlandt Belle Isle [3] boesin in Vranckrijck sijnde twintich mijlen van 't voorss. [4] Eijlandt St. Marten.

Den 19. sijn wij van hier t'zaijl gegaen en hebbent geset

[1] contraction de : ouweder, tempête.

[2] la proue.

[3] sur les côtes du département du Morbihan.

[4] abréviation de : voorzegd, susdite.

op 't slick [1] omtrent het Eijlandt Hurck een mijl van St. Marten. dit Eijlandt Hurck is vol groente maer onbewoont van volck, daer staet aen de Zekant [2] een oudt vervallen klooster waer in over eenige iaeren moniken in hebben gewoont.

den 23. sijn wij wederom t'zaijl gegaen.

den 26. sijn wij met goeden windt ende goedt weder gepasseert voor bij de Caep Finis Terrae.

den 27. hebben wij het vaste landt van Portugael in het gesicht gekregen.

den 28. hebben wij des morgens daer dicht voor bij heen gezaijlt, den Heer Ambassadeur heeft aende Matrosen belooft, dat die gene die het eerste zaijl siet, en dat het selve vijandts sijnde van ons verovert wort, tot een vereringe sal genieten vijftich guldens.

den 29. hebben wij des morgens de Barsez in 't gesicht gekregen, dit sijn vijf of ses klippen leggende drie mijlen van 't Vaste landt van Portugael. die gene welcke alhier noijt gepasseert sijn, moeten aende matrosen doopgelt geven.

Den 30. hadden de wint N. O.

December. Den 1 december saijlden wij voort met schoon weder ende kregen in 't gesicht een seer hogen berch genaemt den vijgenberch, die haer wel dartich mijlen verre in Zee vertoont. desen berch leijt in het vaste landt van Hispanien, alwaer in grote overvloedicheijt de vijgen wassen.

Den 2 des morgens met den dach hebben wij in leij van ons een Turck Schip gesien geheel bij nae. wij maekten ons geschut klaer, bij settende alle onse saijlen, ende hem stark naeriaegende, soo dat wij soo dicht bij hem quamen, dat wij malkanderen met de musquetten kosten beraijken, maar

---

[1] (slijk) fange.

[2] pour: zee-kant, côté de la mer.

wat wij deden en konden hem soo naer niet komen dat wij kosten enteren [1], daer ons volck seer toe gecouragieert was. omtrent den middach sijnder noch twe turcken bij gekomen, maer hielden te loefwaert [2] van ons, verre buiten schoots [3]. op den middach hebbender [4] noch drie vertoont, sijnde over sulcx te saemen ses in getalle [5], die wij alle ses wel getroost waeren, maer sij sochten ons niet ende zaijlden van ons af, soo dat tegens den avondt uijt het gesicht waeren. de wint was Oost ten zuijden.

Den 3. tegens den middach sijn ons drie vande voorss. Turcken wederom geheel naer bij gekomen. wij maeckten ons claer ende setten met volle zaijlen onse cours naer haertoe, het welk zij bemerckende zijn wederom deur gegaen. den wint was Oost zuijt Oost.

Den 4. sijn wij met een moie coelte voort gesaijlt onse cours settende naer de Eijlanden van Canarien: hebben dien dag geen Turcken of andere schepen meer vernomen hadden des morgens de wint Oost, ende des avonts suijden.

Den 5. hebben onse cours naer de Canarise Eijlanden vervolcht met een stercke Suijt Ooste windt, doch kregen op den middach wederom stilte met een harden regen.

Den 6. hebben wij met de veranderinge vande windt onse cours mede verandert, vervoorderende onse voorgenomen raijs naer Salee. den wint was west Noort West.

den 7. onse cours vervolcht; de windt was zuijden.

den 8. de windt W. Z. W.

Den 9. Als noch goedt weder sijnde met eenen Z. W. windt hebben tegens den avondt de barbarise kust in het

---

[1] aller à l'abordage.

[2] du côté du vent.

[3] hors de portée de fusil.

[4] contraction de: hebben er, avec insertion de d.

[5] (getal) au nombre de six.

gesicht gekregen doch voor dien de nacht op handen was, ende heel doncker weer, soo hebben wij 't met een klaijn saijl wederom in ze laeten lopen.

den 10. als noch de windt zuijt west sijnde ende goedt weder hebben wij onse cours wederom naer de wal [1] gewendt, ende het landt tegens den middach in het gesicht gekregen, ende op de naer middach ons ancker op de rede voor Zalee [2] laeten vallen. den Heer Ambassadeur liet negen

[1] la côte.

[2] L'orthographe de ce nom varie beaucoup; sur la plupart des cartes françaises et allemandes on lit Saleh (Balbi: Salè). Höst, dans son ouvrage toujours encore estimable (Efterituingen om Marokos och Fes. Kjöbenh. 1797) écrit Salá, nom que cette place portait antérieurement à l'occupation romaine (Richardson, Travels in Morocco II. 120). M. Emilien Renou, dans sa belle carte de l'empire de Maroc, publiée dans le VIIIe Tome des „Explorations de la commission scientifique de l'Algérie", écrit Sla, conformément à l'orthographe arabe.

Selon Höst, la position géographique de cette ville serait d'environ 30° 10. lat. N; mais, comme l'observe M. Renou, les indications de cet auteur sont généralement très-inexactes; M. Renou cite donc dans ses tables la position fournie par les observations de M. Boteler, et qui est de 34° 2′ 45″ lat. N. et de 9° 5′ 54″ long. O. de Paris.

Sla est situé à l'embouchure du fleuve Bouragrag سلا, qui y est aussi large que la Tamise à Londres (Richardson; II. 123). Ce fleuve prend sa source dans le Djébel Guergoura (Gureygura). بوراكرك, reçoit sur sa rive gauche le Ouad Grou كوركورة, et donne son nom au district qu'il parcourt. Höst croit l'orthographe Bou Rgaba واد كرن plus correcte, puisqu'elle implique l'idée d'un endroit couvert de bois et de buissons, ce qui est en effet le cas ici.

A l'entrée du port, auquel Slà doit sa réputation, se trouve actuellement une *barre*, un banc de sable, qui est cause de la décadence de cette place. (Selon Höst, l'étymologie du mot barre se trouverait dans l'arabe Behár بوغابة qui signifie mer). La profondeur de la mer y est de 6 pieds à la marée et de 12 pieds au moment du flux (Höst).

Quoique déchue, la ville est encore assez considérable. Höst lui donne

eerschoten doen, waer op die vande Stadt, ende Casteel met vier schoten hebben geantwoort. dien volgenden nacht sijn

---

16000 habitants; Washington, en 1829, ne lui accorde que 7—10.000 âmes, tandis que d'après des dates plus récentes la population atteindrait le chiffre de 14000 (Arlett.) 23000 (Graberg de Hemsö) et 25000 (Galetti, 12e ed.) habitants, qui se nomment eux-mêmes Slavi, Slaves; mais on les appelle aussi souvent Andalous, puisqu'ils descendent des Maures expulsés d'Espagne.

Vis-à-vis de Slà se trouve la ville de Rbât رباط (34° 5′ 00″ lat. N. et 9° 3′ 30″ long. O. de Paris. — 17° 30′ déclinaison magnétique en 1768, observations de Borda) appelée aussi Rabat, El-Rabat, ou Nouvelle Saleh, qui au dire de Richardson, est une cité considérable, bien peuplée bien bâtie, quoique située sur le penchant d'une colline. Elle fut fondée vers 1190 par Jacoub Elmansour, petit-fils d'Abd-el-Moumen, et appelée par lui Rbât-el-Ftâh, c. a. d. camp de la victoire. Sa population est de 21000 (Washington) — 24000 (Arlett) — 27000 (Graberg de Hemsö) — 28000 (Klöden) habitants, dont 7000 juifs. Aujourdhui les deux villes de Slà et de Rbât se servent pour ainsi dire réciproquement de complément et ne peuvent guère être séparées dans les appréciations sur leur importance. Leur commerce se fait exclusivement avec la France et l'Angleterre: il s'élevait en

1855 à 2.044 543 fr.		
1856 à 3.164.865 „		
1857 à 4.159.000 „	import. 2.295.000 fr.	export. 1.864.000 „
1858 à 1.785.000 „		

Le principal article d'exportation est la laine, dont il a été exporté en:

1855: 502.600 kilogrammes.
1856: 890.535 „

Slà est une colonie carthaginoise et devint fameuse dans les XVe et XVI siècles de notre ère, étant le repaire de corsaires très-redoutables qui osèrent même faire des descentes sur les côtes de pays habités par des chrétiens; encore de nos jours les Maures de Slà et de Rbât sont des ennemis acharnés des chrétiens, auxquels ils ne permettent à aucun prix de s'établir parmi eux; la place fut prise en 1263 par Alphonse le sage, roi de Castille, mais elle lui fut bientôt enlevée par le roi de Fez; les souverains maures la conservèrent depuis, malgré ses fréquentes tentatives de s'affranchir de leur joug. En 1765 les Français bombardèrent en vain Slà et Rbât.

hier blijven leggen niet sonder vrees alsoo de windt seer variabel was.

Den 11. 's morgens heeft den Heer Ambassadeur een schoot laeten schieten op hoop dat die vande stadt met eenige vervarsinge aen boort souden komen, maer gemerckt den windt uijt den Z. W. hart begost te coelen ende aldaer aen landt schrickelijke berning [1] maeckte, isser [2] niemant voor den dach gekomen. des middach hebben wij ons ancker wederom gelicht, door dien wij op lager wal sijnde, ons aldaer niet langer dorsten vertrouwen, want het een quade [3] Rede is om aldaer ten ancker te leggen.

Den 12 &.

Den 13 &.

Den 14 &.

Den 15 &.

Den 16. is het 's morgens wederom geheel stil geworden, de wint Oost ten suijden. in dese quartieren hebben wij nu eenige dagen soo warmen weder gehadt, als ordinaris in Hollandt in 't midden vande somer.

Den 17. en 18. als nog goedt weder met een redelijke coelte, maer den windt zuijdelijck sijnde en wilde ons noch niet dienen, om te Saffia ofte tot Ste Cruijs op de rede te komen.

Den 19. op den middach de windt Z. W. met groote coelte.

Den 20. de windt W. ten Z. met groten storm.

Den 21. een goede windt N. N. O.

Den 22. de windt N. O.

Den 23. de wint Oostelijck.

Den 24. sijnde Kersmis avondt [4], sijn wij tegens den mid-

---

[1] falaise.

[2] contraction de : is er, avec s redoublé.

[3] (kwand) mauvais-e.

[4] la veille de Noël.

dach op de Rede voor Saffia [1] gekomen, wij deden vijftien schoten, maer die vande stadt ofte van het Casteel hebben daerop niet geantwoort.

Dien selven dach sijn ons mede aenboort gekomen een boot met seven moren om met ons te handelen, vraechden meest naer rode mutsen, maer conden voor de eerste mael met ons volck niet accorderen. onsen Heer Ambassadeur gaf haerlieden [2] een brief mede aen den Gouverneur van Saffia verzoeckende van het landt water ende vervarsinge te mogen halen: want het water aldaer voor gelt moet werden gekoft; de voorss. Moren beloofden antwoort op desen brief morgen aen ons te zullen brengen. het postuur [3] ende kledinge van dese moren is niet seer aengenaem als men uijt de bijgevoegde tekeningen klaerlijck kan sien [4].

---

[1] l'Asfi des Arabes ربطا الفتوح, appelé aussi Asafi; corrompu en Sofia ou même Sta Sofia, comme on appelait cette ville auparavant; dans le dernier temps les Européens la nommèrent Saffy ou Safi. Elle est située à 32° 18′ 15″ lat. N. et 11° 32′ 24″ long. O. de Paris, selon Boteler.

Au commencement de 1508 les Portugais, profitant de dissensions politiques, s'emparèrent sans coup férir de la ville d'Asfi et la conservèrent jusqu'en 1541 (d'après Chenie jusqu'en 1641), époque à laquelle ils l'abandonnèrent volontairement. La ville reprit bientôt son ancienne splendeur et devint le centre d'un commerce important, jusqu'à ce que la fondation de Soueira lui porta ombrage; elle exportait surtout de la soie, de la laine, de la gomme, des cuirs et des peaux de chèvre. Depuis lors elle n'a fait que déchoir; on la dit pourtant renfermer encore 1000 âmes (Klöden: 1200), ce qui paraît éxagéré. En 1767 le comte de Breugnon n'évaluait qu'à 7—8000 habitants sa population, qui ne peut avoir que diminué. Les environs de cette ville sont tristes et déserts. (Renou.)

[2] m. à. m.: à eux gens, c. à. d. leur.

[3] extérieur.

[4] Cette phrase se rapporte sans doute aux planches No. 14 et 15, mentionnées dans notre énumération des dessins de Matham insérés dans son journal.

Desen dach hadden wij de windt Noordelijck met heel schoon weder. hier begon het volck vis te vangen, maer kregen anders niet als haijen [1], en steenbrasems [2], die goed van smaek sijn.

Den 25. sijnde Kersdach [3] en heel bequaem weder, sijn de voorss. Moren met eenige Joden tegen den middach wederom aen boort gekomen met haer brengende twe schapen, eenige hoenderen [4], radijsen, rapen [5], en schoon broot, het welcke den Gouverneur vande stadt aen den Heer Ambassadeur vereerden, den selven seer vriendelijck doende groeten. dese luijden hadden oock aijeren en dadelen [6] om die aen ons te verkopen of verruijlen [7], maer en kosten met ons niet accorderen, soo dat [8] onverrichter saken schaijden. maer den Heer Ambassadeur deedt aen haer een vereringe voor haer genomen moeijten. dien selven dach voer ons volck met onse klaijne Chaloup aen landt omme te onderstaen of aldaer goede gelegentheijt was van vars water te bekomen, maer bevonden dat het beswaerlijck soude kunnen geschieden door de grote berninge die aen landt is. Alhier heeft men des daechs ordinaris de windt uijt de zee. ende des nachts uijt het landt.

Op den selven tijt wasser [9] een secretaris, ofte schrijver van den Gouverneur aen boort gekomen wel versien van pennen, int [10] ende papier om op te teeckenen hoe veel

---

[1] requins.
[2] spares de roche.
[3] jour de la noël.
[4] poules.
[5] raves.
[6] dattes.
[7] échanger.
[8] sous entendu: zij.
[9] contraction de: was er, avec *s* redoublé, — il y avait.
[10] pour: inkt, encre.

cruijt [1], ende ijser [2] wij in ons schip hadden, maer den Heer Ambassadeur heeft 'tselve aen hem beleefdelijck gewaijgert.

Den 26. heeft den Heer Ambassadeur aen landt met de boodt gesonden Sr. Vander Sterre om den Heer Gouverneur uijt sijnen naem tegaen begroeten: doch de ze gong soo hol, en de berningen soo groot dat Sr. Vander Sterre genoodsaeckt is geweest desen nacht inde stadt te blijven.

Den 28. is onse klaine chaloup naer landt gevaren, quam weder met ons volck die twe daegen te Saffia waeren geweest, oock quam met haer een barck met Moren brengende veelderhande verversingen, als twe schoone calveren die zij aenden Heer Ambassadeur ieder voor gl. 15 verkoften, eenige vette patrijsen [3] welcke groter sijn als de Hollandtse patrijsen de drie voor blanck kijelie, is het stuck minder als een stuijver [4] Hollandts. het broodt is schoon soo goedt als het beste aijer broodt in Hollande. een soo goedt koop [5], dat met twe maeltijden kan doen, met een broot van drie duijts [6] brochten oock mede een schoon gaijtie [7], het welk ick om de vreemdicheyts wille uijt geteeckent hebbe [8], vangelijken eenige hoenderen het stuck tot twee stuijvers, noch wijn van dadelen op haer manier toegemaeckt, is goedt om te drincken, ende van couleur, gelijck de schape weij [9] in

---

[1] poudre à canon.

[2] fer, ici: projectiles.

[3] perdrix.

[4] stuver, petite monnaie hollandaise, à peu près de la valeur de 5 cent.

[5] bon marché.

[6] de trois liards.

[7] chevreau.

[8] Nous ne pouvions découvrir nulle part, dans tout le journal, le dessin dont parle ici Matham.

[9] le petit lait.

Hollandt, ende voorts andere snuijsterijen [1], meer te lanck om te verhaelen, ende hebben voor de eerste mael met ons volck wat goedt verhandelt tegens spiegels en messen. den barquier bracht ook mede twe brieven van Jan Janss. van Haerlem [2]

---

[1] pâtisseries.

[2] C'était un des pirates les plus audacieux de Barbarie, et Slà lui doit presque exclusivement à lui seul la grandeur et l'importance que cette ville acquit dans la suite, comme principal repaire des corsaires de Barbarie; par rapport à ces circonstances il nous semble jouer un rôle beaucoup trop honorable dans le journal de Matham; nous empruntons les notices suivantes à l'ouvrage de Simon de Vries „Handelingen en geschiedenissen voorgevallen tusschen den Staet der Vereenichde Nederlanden en dien van de zee-roovers in Barbarijen." Amsterdam, Jan ten Hoorn. 1684. 4⁰. (Vol. II. de la „Historie van Barbarijen" de Pierre Dan.) pag. 57. „In slaghtmaend des Jaers 1623 ontstond een geweldige storm op Zee, waer door groote schaede aen Scheepen en Goederen geschiedede. Door deese vreeslijcke Onstuymigheyd waeren twee Turcksche Rovers gedwongen, in 't Canael, en soo voorts door de Hoofden nae ter Veer in Zeeland te loopen. Hier moestende haere seer beschaedighde Scheepen verbeeteren, en oock Levens-voorraed op doen: wijl deselve t'eenemael ten eynde was. D'eene Hoofdman was een Renegado, of verloochend Christen, van Haerlem. Had oock eenige Nederlandsche Bootsgesellen in sijn schip..... De Vrouw en Kinderen des gedagten Hoofdmans quaemen hem ernstigh (p. 58) en onophoudlijck bidden, dat hij doch dit Schip verlaeten, en bij haer blijven wou. Desgelijks deeden oock d'Ouders van 't ander Nederlandsch Scheeps-volck; doch konden haer geenssins hier toe beweegen. Aen d'eene sijde waerense te geweldigh tegens de Spaenjaerden verbitterd; aen d'andere sijde al te seer op den Buijt verleckerd (p. 65). De genoemde Jan Jansz. van Haerlem had sich... onder de Veenboer by de Turcken begeven, en was met'er tijd vast 't laegste Ampt tot 't hoogste opgeklommen. 't Was hem niet genoegh, dat hy, om een gewaend tijdlijck geluck, den Heere Christus versaeckt, sijne Ziel vermoord, (p. 66) sijne Saligheyd verworpen had, maer oock porde hy andere Christenen aen, haer sijne bekoomene heerlijckheyd voor oogen stellende, om 't Christendom te verlaeten, en sich te doen besnijden; 't welck dan oock van eenige godloosliјck wierd gedaen.... Even deesen Admirael Jan Jansz. van Haerlem heeft binnen weynige Jaeren Salee gemaeckt tot soo een vermaerd Roof-nest, als Duynkercken pleegh te zijn. 't Begon nu rijck te worden, daer 't te vooren een ongeagtede Plaets was.

wonende tot Muladie [1] ses ofte seven mijlen van Saffia, den eenen brief was geschreven aen den Heer Ambassadeur, den anderen aen sijn dochter, die haer beneffens ons op dese raijse hadde begeven om haer Vader te gaen besoecken, waervan hij per expresse van Saffia afgesonden, verwitticht sijnde [2], nodichde haer seer hartelijck van bij hem te komen, voegende daer bij eenige verversinge bij forme van present. maer gemerckt [3] het seer periculeus is landtwaertin te raijsen en principalijck voor de Vrouwelijke sexe, soo heeft zij het niet derven bestaen. doch is goedt gevonden dat haer swager Jacob Aertsen, die mede in ons schip overgekomen was, met ses of acht moren die sijn Schoon Vader uijt sijn dienaers tot convoij van Muladie naar Saffia gesonden hadde omme haerlieden tot Muladie te brengen, derwaerts [4] soude gaen, hetwelcke van daech oock is geschiet.

Gisteren is de barck vande Moren van ons schip naer landt varende, door de barninge omgeworpen, ende is een vande selve verdroncken.

Den 29. de Moren wederom aen boort komende heeft den Heer Ambassadeur met haer gehandelt over het backen van eenige hondert van haer schone broden ten behoeven van het scheepsvolck, waer inne goedt genoegen hadden [5].

Den 30. is Jacob Ariss. met sijn schoon Vader Jan Janss. van Haerlem aenboort gekomen (welcke Jan Janss. van Haerlem in het geselschap of gevolch van 18 dienaers sijn schoonsoon van Maladie een groot stuck weechs te ge-

[1] Sans doute Oualidîa والديه, écrit Ualedia par Höst, petit château délabré avec un chétif hameau principalement habité par des juifs, et situé sur la côte occidentale du Maroc, au N. du cap Cantin. (Ras-el-Hadaik).

[2] ayant été averti.

[3] vu que.

[4] de ce coté-là, — là.

[5] ce qui leur causa beaucoup de plaisir.

moet [1] gereden was) sadt heerlijck inde barck op een tapijt, ende satijne kussens, sijn dienaers rontsom hem. is voort bij den Heer Ambassadeur inde caiuijt gelaijt, al waer sijn dochter was, de welcke haer Vader ende hij sijn dochter siende geraeckte alle baijde aen het schraijen. ende naer eenige t'samen spraeck heeft hij sijn afschaijt vanden Heer Ambassadeur genomen, den selven belovende dat hij soude besorgen dat wij des anderen daechs een partije vars water aen boort souden krijgen, ende bij aldien goedt weder was dat hij 's anderen daechs ons met sijn dochter wederom soude besoecken, daer wij aen twijfelden of al geschieden soude, maer den tijt sael daer van den uijtslach geven.

Tegens den spiegel [2] van ons schip terwijl wij saijlden voor bij portugael was gesteld het beeldt vanden H. Ignatius. maer nu op de Rede voor Saffia leggende is die wederom afgenomen.

Nota. de Moren hebben bij dese tijt 's iaers haeren vasten. soo dat niet en eten voor sonnen onderganck.

Den 31. is onse luijtenant met baijde de stuurluijden [3] en eenige matrosen met de boodt en ledige Vaten [4] om vars water naer landt gevaren, blijvende leggen de chaloep in zee buijten de barning, soo sijnder vande Moren drie van onse maets [5] aen landt met de vaten gehaelt, omdie met vars water te helpen vullen, maer gevuldt sijnde soo begeerden de Moren die niet te laeten volgen, voor ende aleer [6] Jan Jans. van Haerlem, die met sijn dochter en swager noch te Saffia was, voor rekeninge vanden Heer Ambassadeur daer

[1] à la rencontre.

[2] fronton.

[3] pilotes.

[4] tonneaux vides.

[5] camarades.

[6] avant que.

voor betaelt hadde negentien stucken van achten; ende door dien het laedt [1] op den avondt viel, ende de poorten aldaer vroech gesloten worden, soo mosten dien nacht de vaten inde stadt blijven leggen, van welcke vaten de Moren een staelen, ende een vande rotsen aen stuckent wierpen.

Een ofte twe van ons bootsvolck mosten 's avonts door de berning gaen swemmen om wederom aen onse chaloep te komen. ende een fransman die hem te waeter soo wel niet konde behelpen moste seer onnosel aen landt blijven staen.

Ons volck rapporteerden dat zij lieden wel bemerckt hadden dat Lijsbeth [2] Jans haer bekomst van dat volck en landt al hadde [3] ende oversulcx wel gewenst soude hebben wederom aen boort te sijn, maer zij most des anderen daechs met haer Vader naer Maladia verreijsen, dewijle sijn gelegentheijt soodanich was dat hij daer niet langer dorste vandaen blijven. 1641.

1 Januarij A° 1641 is ons volck met de grote ende klaijne chaloep naer landt gevaren, om het water dat aldaer was blijven leggen af te haelen. het welck geschiede, ende Jan Jans van Haerlem was met sijn dochter al naer Maladia vertrocken. Januarij

Nota. terwijl de chaloupen onder wegen waeren om het water aen boort te brengen is op de middach ons ancker tou [4] een stuck onder water gebroken, soodanich dat wij het ancker inde grondt hebben moeten laeten steecken, maer de chaloupen sijn aen boort geweest, ende het water was al ingenomen aleer wij onder zaijl geraeckten. dit breecken van onse cabel

---

[1] (het) tard.

[2] Elisabeth, la fille de Jans van Haerlem.

[3] qu'elle (Elisabeth) était déjà dégoûtée des habitants et du pays.

[4] élision de w, à cause du mot suivant commençant par une voyelle : câble.

is geen ongeluck maer ons geluck geweest, gemerckt dien selven dach de windt uijt der zee soo hart begonst op te steecken, dat wij aldaer blijvende leggen groot gevaer souden gelopen hebben van het schip te verliesen; daer waeren oock aen landt al duijsent broden gebacken, die wij doen tertijt aldaar mede mosten laten blijven.

Ons volck hadde op nieu'iaers dach een Haij gevangen, welcke op gesneden sijnde vondt men drie ionge haijen inden buijck [1] hebbende aen het lijf een manier van eijeren bijhangen, daer de ionge haijen uijt voort komen, ende algeworpen sijnde met een vliesken onder aen de krop vast gehecht blijven, ende men verseeckert ons daet dese iongen dicht bij de moeder blijven swemmen, gelijk ende kuijkens [2] achter ende bij de eenden gewoon sijn te doen, ende soo lange de voorss. eijertjens aen het lijf vast sijn, ende vande andere vissen tot aes ofte spijs vervolcht of naergeiacht werden, dat de iongen haer alsdan terstont [3] in haer moeders lijf verbergen, om bewaert te sijn, dat mijns oordeels een wonderlijck dinck schijnt te wesen. ick hebbe een van die voorss. ionge haijen op twederleij manieren naer het leven geteeckent [4].

Den 2. ditto kregen wij een swaren storm uijt den noort westen &c.

Den 3. Redelijck goedt weer, de wint Westelijck.

Den 4. Veranderlijck weder en harden regen met een Z. W. windt.

---

[1] dans le ventre.

[2] petits canards.

[3] de suite.

[4] Cela ne peut se rapporter qu'à la planche No. 19, mentionnée dans notre description des dessins adjoints au manuscrit.

Den 5. kregen wij de windt N. O. tusschen Saffia en Magador.

Den 6. was de windt noordelijck, ende hadden het landt wederom in 't gesicht, doch op den middach reesser [1] sulcken [2] harden windt, dat zij [3] onse cours wederom t'zewaert in mosten stellen.

Den 7. 's morgens sagen wij met schoon klaer weder wederom landt, hadden de windt O. N. O. ende sagen veel vliegende Vissen, als bij de tekeninge blijckt [4].

Den 8. hebben wij 's morgens het Eijlandt Magador [5] in 't gesicht gekregen, ende onse chaloup uijt geset omme te onderstaen [6] offer goede Reede voor ons was, hebben gevonden vier vadem [7] waters, ende oock op sommige plaetsen vier vadem ende een half, tusschen het duijven Eijlandt [8]

---

[1] Contraction de „rees (parf. de rijzen) —er", il s'éleva.

[2] Contraction de: sulck — een.

[3] lapsus calami, pour wij.

[4] Voy. planches 24 et 25 de notre énumération des dessins de Matham.

[5] Nom donné par les Européens à la ville de Suira ou Soueir[a] صويرة (31° 30' 30" lat. N. 12° 4' 24" long. O. de Paris, déclinaison magnétique 17° 6' en 1767; selon J. J. de Ulloa [Höst] et 19° 30' en 1835 selon Arlett). La ville actuelle ne fut bâtie qu'en 1760; du temps de Matham il n'existait qu'un petit château, situé sur l'île de Mogador; c'est aujourd'hui la ville la mieux construite et la plus régulière de tout le Maroc, avec des rues étroites mais droites; elle compte 20000 habitants; elle a été pendant longtemps le séjour de pirates redoutés et fait encore de nos jours un commerce considérable surtout avec la France et l'Angleterre; ses principaux articles d'exportation sont des amandes, de la cire, du maïs, de la gomme, des peaux et des plumes d'autruche, tandis *qu'on y importe* du fer, du sucre et de la laine.

[6] afin d'explorer.

[7] quatre toises. — Les dates indiquées sur le plan de Höst (pl. III. de l'édit. allem. 1781) varient de 3 à 6 toises de profondeur.

[8] l'île aux pigeons.

ende het Eijlandt Magador [1]. naer den middach hebben wij ons ancker laeten vallen, ende drie eerschoten gedaen, daer die van het Casteel met een schoot op hebben geantwoort.

Den 9. des morgen is onse chaloep met een N. O. windt aen landt gevaren om te sien offer vars water te bekomen was, ende oock of wij met de Moren van 't Casteel kosten handelen, de welcke ons volck wel ende vriendelijck hebben ontfangen, ende haer Tolck [2] sijnde een Jode naer ons boort gesonden, in wiens plaets (volgens haer costume) een van ons volck aen landt in Ostagie [3] most blijven, tertijt toe, aen weder zijden die van ons schip, ende d'onse van 't landt door andere wierden verlost. het Casteel is voorsien met elf of twalef ijsere stucken [4], ende als men een waijnich daer van daen is, soo verthoont het hem als een Hollandtse Kalckoven, maer het duyven-Eijlandt is onbewoont, behalven datter seer veel wilde duijven waeren, die met duijsenden nestelen inde klippen, ende sijn soo tam dat se haer met de handt laeten vangen. daer was een valk op de aerde in een klaijn bosien, die een van ons volk soude gevangen hebben, bij aldien hij hem hadde gesien, wandt tradt hem met sijn voet bij naer op het lijf, en doe vlooch de valk eerst op. dit duijven Eijlandt is omtrent een groot half uur gaens inde lengte [5], ende boven tienmal de langte van ons schip en is het niet breedt, maer heel hooch en sonder vers water, alleenlijck isser tusschen de Clippen eenich regenwater van seer klaijne quantiteijt.

---

[1] L'île de Mogador est éloignée de la terre ferme à peu près de 324 pieds, tandis que Dapper, p. 185 dit: „die Insel und Schloss Mogador oder Mongador liegt ohngefähr 5 Meilen vom vesten Lande."

[2] interprète.

[3] mot formé du français: ôtage.

[4] canons.

[5] une bonne demi- heure de longueur.

Wederom komende tot het Eijlandt Magador soo is het sulcx dat wij aldaer vers water hebben bekomen, den voorss. Jode bestelden ons oock vers broodt, Amandelen, rasijnen en olikoecken [1] die seer goedt van smaeck waeren. de inwoonders alhier sijn cluchtich [2] in 't habijt, gaen veel met een lanck widt cleedt dat zij op verscheijde manieren om het lijf slingeren, somtijds hebben een kleijn hembtien daer onder, in somma, sijn niet seer bekoorlijck van persoon of klederen. — den voorss. Jode verklaerden ons de maniere van haer trouwen &.

Den 12. was het alhier bij de Moren haer feestdach van Paeschen die met groote devotie bij de selve wert geviert.

Op dit Eijlandt houden haer een grote ende ongemene soorte van gansen, die hoenders hebben wij alhier aen 't Casteel gekoft voor 2 stijvers het stuck, die geheel schoon en vet waeren.

Aengaende het water haelen dat geschiet alhier met groot perijkel ter oorzake vande berning vande zee. soo dat onse klaijne boodt met het volck datter in was om water aen boort te brengen, tot twe mael namentlijck op den 15 en 16 deser maent om verre sijn gesmeten, maer het volk is ter nauwer noot, niet sonder groot perijkel gesalveert. ende men most aenden Gouverneur van het casteel voor ieder vat water betaelen omtrent de waerde van een daelder [3] Hollandts.

Nota. dit is noch merckens waerdich dat wij alhier in ieder weeck drie sondagen hebben vieren; namentlijck de Moren op vrijdach, de Joden op saterdach, ende wij op sondach.

Den 23 ditto. sijn wij besich geweest omme alles claer te maken om, met Godts hulpe naer St. Crux, soo ons de

[1] des gâteaux d'olives.

[2] drôles.

[3] un écu de Hollande.

wint wil dienen t'zaijl te gaen, ende sijn met een Oost noort ooste windt uijt het gadt [1] van Magador geluckich geraeckt, ende inde ruijme ze gekomen [2].

Den 24. 25 ende 26 hebben wij met schoon weder doch met contrarie windt, sijnde O. N. O. in zee geweest, onse cours nemende naer Saffia om ons verloren ancker te gaen soecken, ende met eenen naer bescheijt antwoort of tijdinge te vernemen op den brief die den Heer Ambassadeur aen den Coninck van Marocco geschreven hadde.

Den 27. sijn wij op de Reede voor Saffia gekomen, ende hebben aldaer verstaen dat sijn Maiesteijt Van Marocco onse comste verstaen hebbende hadde ordre gegeven tot het vervaerdigen van eenige tenten, pavillioenen, camelen, paerden & om ons van Saffia te doen af haelen, alsoo dese Ambassade zijn Maiesteit wel geviel, ende van meninge [3] was met haer Ho. Mo. eene niewe aliantie te maken.

Den 30 ditto. hebben wij ons verloren ancker wederom gevonden.

Den 31 &.

Februarij. Den 9 Februarij onse boot met ons Volck aen landt zijnde hebben aldaer verstaen dat den Heer Ambassadeur met sijn suite soude gelieven op den XI deser tot Saffia van sijn schip over te komen, alsoo sijn Maiesteijt van Marocco aenden Gouverneur van Saffia belast hadde [4], dat hij tegens die tijt alles tot onse raijse vannoden soude verschaffen.

Den XI ditto. is den Heer Ambassadeur met een barcke vande Moren uijt sijn schip gehael, met al sijn gevolch, ende bagagie, ende wiert aldaer op de maniere des landts met schalmaijen, trommelen, ende een groot getal van Mus-

---

[1] (gaat.) port.

[2] et nous gagnâmes la haute mer.

[3] était d'opinion — avait l'intention.

[4] avait chargé.

quettiers ingehaelt vergeselschapt met den Heer Gouverneur der voorss. stede, ende den meergemelten Jan Janss. van Haerlem. voor den Heer Ambassadeur wiert gelaijt een kostelijck paert &.

Is in desen te noteren, dat soo den Heer Ambassadeur met de Moorse barcke aen landt gekomen was, ende ik Adriaen Matham met den secretaris Sr. Vander Sterre aen strandt bij malkanderen stonden, ende verwacht hadden de komst vanden Heer Ambassadeur, soo seijde ick „'t is tijt, Sr. Vander Sterre dat wij nae de chaloup toe treden" ende er wijl wij 't samen gongen, soo is Sr. Vander Sterre door een eerschoot die ons de Mooren deden, dwars door sijn been geschoten, soo dat hij ter aerden viel: ende is voort naer ons logement gebracht, genaemt de Duwaen, ende de koorts [1] daer toe geslagen sijnde, is hij des anderen daegs, tot grote droefheijt van ons allen, deser werelt overleden; den Gouverneur van Saffia dede grote naersticheijt [2] omme den Moor uijt te vinden die met scharp geschoten hadde, omme hem naer sijn verdiensten te doen straffen, maer de man was op solder konde niet gevonden worden. Voor soo veel Mr. Vander Sterre aengaet, die is des nachs tusschen den 13. ende 14. in een packhuijs [3] vande Engelsen, binnen ons logement den Duwaen, welk huijs des nachts gesloten werdt, door ons begraven.

Van Saffia ben ick eens voor drie ofte vier dagen verreijst naer het Casteel Te Maladia daer gouverneur van is Jan Janss. Van Haerlem. ben bij hem getracteert ende vriendelijck onthaelt geweest, ende hebbe voor hem het voorss. Casteel met het inkomen vande haven, ende Rivier, daer de schepen mede op de Rede kunnen leggen, geteeckent.

---

[1] la fièvre.

[2] de grandes perquisitions.

[3] magasin.

Naer dat wij tot Saffia omtrent drie weecken waeren
Maart. geweest sijn wij den 7 Maart met den Heer Ambassadeur naer Marocco vertrocken, geconvoijeert werdende door omtrent twe hondert Moorse Ruijters waer over uijt des Coninx naem commandeerde een Fransman genaemt Monsr Alkeijre [1] Rammerdam, die sijne residentie houdt op een Casteel leggende een dach raijsens van Saffia, aen den oever van de Mare salines [2], 't welk is een water omtrent een mijle groot in het ommegaen, [3] alwaer wij altesaemen met grote verwonderinge gesien hebben, dat alhier veel schon soudt [4] ver, gadert wert, daer nochtans dit water in 't midden van hegeberchte, ende wel negen mijlen van de zee is gelegen, ende omtrent vijftich treden van dit water wordt in putten, vers ende geheel soedt water gevonden.

Dese voorss. Ruijters die ons convoijeerden deden tot vermaeck van den Heer Ambassadeur, ende des selfs gevolch veel geestige schermutselen, rijdende seer vast te paerde, ende met sulcken snelheijt dat het te verwonderen was om sien; de sommige van haer hadden snaphanen [5] ende lange piecken, maer dit vermaeck wirt vermindert door de groote dorst die wij leden, maer de Laerbussen (het welck een volck is, die ten platten lande, hier ende daer, in tenten haer woonplaets hebben) quamen ons op twe, ofte drie plaet-

[1] un grade militaire.

[2] Petit lac d'eau salée qui, sur plusieurs cartes, porte le nom de Bilad Hamer بلد همر ; l'ouvrage de M. Renou ne connaît pas ce nom, mais bien le lac qu'il désigne par la dénomination générique de saline minérale, c. à. d. Sebkha; aux bords du lac se trouve l'endroit appelé Grilna Rasselin. La même sebkha, dit M. Renou, est indiquée avec quelques détails dans l'itinéraire de l'ambassade portugaise envoyée à Maroc en 1773.

[3] qui a une lieue de pourtour.

eau salée.

fusils; comp. l'allem. Schnapphan.

sen met Cameel melck beschencken. in summa wij leden veel ongemack op den wech, ende naer vier dagen Raijsens [1] quamen wij in de Coninckljjkc stadt Marocco [2] alwaer wij

[1] La distance d'Asfi à Maroc est tout au plus de 60 lieues; Liedekerke mit à la parcourir, 4 jours, l'ambassade portugaise de 1773, 5 jours, le comte de Breugnon en 1767, 6 jours, et récemment Mr. Montefiore 7 jours; ce dernier l'évalue à 110 lieues ital; Host dit qu'elle n'est que de 27 heures.

[2] ou *Marok* (*Merakasch*, d'après Renou *Marakech*, en arabe مراكش grande ville, capitale de tout l'empire et du royaume de ce nom, portait, à une époque très-reculée la dénomination de Martox et s'élève probablement sur l'emplacement de l'antique Bocanum Hemerum. Les Espagnols l'appellent Marruecos. Elle est située au pied de l'Atlas, dans une vaste plaine fertile de la province de Rhamma, qui est en même temps un plateau élevé d'environ 750$^{m.}$ au-dessus du niveau de la mer, et arrosé par les eaux du Tensift passant à 2 milles de la capitale.

La position géographique de la ville est d'après:

Ali-Bey : 31° 37′ 31″ lat N. 9° 55′ 45 long. O. de Paris.
Höst : 31° 37′ 30″ „ „ ————
Washington : 31° 37′ 20″ „ „ 9° 56′ 24″

déterminations qui se rapportent toutes aux jardins au S. O. de la ville. La déclinaison magnétique y était de 20° 38′ en 1804, et de 20° 30′ en 1830. Maroc est située à une hauteur de 1266 p. au-dessus du niveau de la mer.

La ville a complètement le caractère oriental; les rues y sont tordues, si étroites qu'un cheval peut à peine y passer, irrégulières, non pavées, boueusses en hiver et pleines de poussière en été; les maisons sont très-mal bâties, et n'ont pour la plupart qu'un étage. Selon Höst la ville n'est pa- aussi étendue que le prétendent la plupart des voyageurs, car il en a fait le tour aisément en une heure, à cheval, mais au pas.

Plusieurs beaux édifices décorent cette ville autrefois si populeuse, et rappellent son ancienne splendeur. Nous nous bornerons à nommer les suivants:

le palais impérial, situé au S. E. de l'ancienne ville; cet immense édifice, qui occupe presque le quart de la ville, a 1500 yards de long sur 600 de large, et est subdivisé en plusieurs pavillons, séparés par de vastes cours et de grands jardins; le nom du château est Mensia:

la place d'audience, ou le Meschouâr, grand carré entouré d'un mur, où l'empereur donne des audiences et prononce les jugements.

seer treffelijck onder het convoij van veel soldaten sijn ingehaelt geweest.

---

la mosquée El-Koutoubia, d'une architecture élégante; elle est remarquable surtout par son immense *tour carrée* haute de 220 pieds angl. et divisée en 7 étages; sa construction, qui remonte à la fin du XIIe siècle, est contemporaine de la *giralda* de Seville et de la *Sma-Hassan* de Rbat, édifices qui lui sont semblables; c'est un des bâtiments arabes les plus curieux.

la mosquée El-Moazin, qui se distingue par ses grandes dimensions; c'est aussi, selon Balbi, la plus ancienne de la ville; mais Richardson dit qu'elle remonte seulement à 300 ans, tandis que عنسية

celle de Beni-Yousef en a au moins 700; celle-ci est d'une construction fort singulière, réunissant en elle l'architecture ancienne et moderne.

l'édifice nommé Bel-Abbas, qui réunit dans sa vast enceinte un sanctuaire, un mausolée, une mosquée, et un hôpital, où l'on soigne jusqu'à 1500 malades.

le Qassaryah (Al-Kaisseria) — ou quartier des commerçants — grand bâtiment entouré de boutiques où les négociants étalent leurs marchandises. (Richardson indique la position géographique du Qassaryah comme suit: 35° 1' 10" lat. N et 5° 49' 30" long. O de Greenwich.)

l'immense fabrique de maroquins, qui, comme l'on assura à Washington — occupait 1500 ouvriers; la brillante couleur jaune qu'on y donne au cuir n'a pas encore pu être imitée par les tanneurs européens.

N'oublions pas de nommer encore les vastes *magasins* où l'on conserve une immense quantité de blé, les grands *cimetières* et les ruines des *aqueducs* dont quelques-uns se prolongent jusqu'à 20 milles hors des murs de la ville; ces canaux souterrains amènent l'eau de l'Ouad Tensift aux jardins qui entourent toute la ville.

Entre la ville et le palais impérial, se trouve le quartier des juifs appelé Millah ميلة; les femmes juives sont — dit-on — d'une remarquable beauté et presque toutes blondes.

Maroc, qui atteignit son apogée de prospérité bientôt après sa fondation (par le fameux Yousef-ben-Tachfin, roi de Santona, en 1072) a beaucoup perdu depuis que les empereurs n'y font plus leur résidence ordinaire. Dans le XIIe siècle, sous le règne de Jacoub Almansor, la ville comptait 10.000 maisons et 700.000 âmes, si toutefois il est permis de se fier aux données statistiques des indigènes, sans adopter ce chiffre évidemment exagéré de Grey Jackson,

Den elfden Maert quamen wij in dese stadt, ende den vierden dach daer aen [1], verleende sijn Maiesteijt aen den Heer Ambassadeur audientie, wij hadden mede de eere van sijn Maiesteijts klare ogen te aenschouwen.

Den paschen [2] der Moren quam op handen die bij haer eenige dagen wordt geviert, op welcken onse affairen mosten blijven berusten.

Op der Moorens paes dach, Rijdt den Coninck [3] gevolcht van veel grote Heeren, ende veel duijsende soo te paerdt, als te voet onder het geluijt van schalmaijen, trommelen, trompetten, copere beckens, ende andere vreemde instrumenten, een uur buijten de stadt. ter bestemder plaetse gekomen sijnde, treedt de Coninck van sijn paerdt, ende werden voor hem gebracht twe rammen [4]. de welcke den Conink selfs den hals afsteeckt ende laetse leggen bloeden. bij aldien dese Rammen datelijck doodt bloeden, soo betekent dit, voor (sic) dit Rijck een quaet Omen, maer bij al dien die den tijt van een quartier uurs al bloedende in 't leven blijven, soo wil dat beduijden een goedt Omen, veel geluck, segen en voorspoet voor het rijck. maer gemerckt het geluck den Coninck gedient hadde dat de Rammen lanck in 't

---

les 30.000 habitants que lui accordait au commencement de notre siècle Aly-Bey, nous croyons que sa population actuelle doit flotter entre 60 et 70.000 âmes. Richardson ne lui en donne que 40—50.000, compris 4000 cheloux et 5000 juifs, tandis que Washington estimait en 1830 la population de Maroc à 80 ou 100.000 habitants.

[1] au lieu de: daer nae; sans doute une faute du copiste.

[2] la fête de pâques,

[3] C'était l'empereur *El-Valid* (Muley-El-Valid ben Zédan) qui régnait depuis 1635; il mourut de mort naturelle en 1647. (Chénier: Recherches historiques sur les Maures et histoire de l'empire de Maroc. Vol. III. p. 333—334.) Höst p. 36 (selon l'édit. allem.) dit qu'il régna de 1634 à 1646.

[4] deux boucs.

leven waeren gebleven, soo is daer over grote blijdtschap geweest, ende is den Coninck aen zijn hof van meer als twe duijsent vrouwen, soo van sijn getroude [1], als van sijn bij sitten [2], met gesanck, gespel, en gedans op haer manier verwellekomst geweest, ende is voort desen dach bij de groten, ende gemeente in alle plaisir doorgebracht.

Daer naer wiert feest gehouden vanden iong geboren Coninck [3], daer van de Coninginne tegenwoordich [4] inde Kraem leijt [5], ende wiert met vierwercken [6], ende ander bewijs van vreuchde, volgens de wijse van het landt doorgebracht.

Aengaende het Hoff vanden Coninck 't selve is naer de Architecture heerlijck geboudt, verciert met schone marmere pilaren, grote hoven, vijvers [7], & ende schijnt in ouden tijden vande Christenen [8] gebout te sijn. op het hof staet een seer hogen toren, die van binnen seer cunstich is gemaeckt, soo dat men daer in tot inden top toe te paerde sittende kan rijden; daer en boven isser op het hof noch een anderen toren, boven verciert met drie appelen gemaeckt van massief goudt, die men seijt te saemen wel seven hondert pondt swaer te sijn. [9] de Moren wilden ons wijs maken

---

[1] ses véritables femmes; il n'en possédait que quatre

[2] ses concubines.

[3] Ce prince ne succéda pas à son père, après la mort duquel fut élu empereur Muley Achmet Chek. (Chénier. II. 334.); peut-être aussi mourut-il encore avant son père.

[4] (tegenwoordig.) actuellement.

[5] est en couches.

[6] feux d'artifice.

[7] viviers.

[8] Voy. Chénier. (Vol. III. p. 330—331) qui fait aussi entrevoir que la plupart des peintures qu'on trouve dans les palais des rois maures, sont dues au pinceau d'artistes chrétiens

[9] Höst dit à ce sujet: presque toutes les descriptions et relations assurent

dat dese drie goude appelen door de kunst vande negromantie besworen souden sijn, ende dat oversulcx die gene die hem verstouten soude [1] deselve af te haelen vanden duijvel de neck soude werden gebroken; maer wij wensten altemael al laechende, datter maer een half dosijn [2] van onse Matrosen consent mochten hebben het afhaelen van dese drie appelen te onderstaen, ende geloofden dat de moorschen duijvel voor dese luijden vervaerder souden geweest sijn, als sijlieden voor hem.

Hier in 't hof sijn een grote menichte Camelen die des daechs te velde gebracht werden om te weijden, ende komen tegens den avont wederom t'huijs.

De Plaets in 't hof daer den Heer Ambassadeur bijden Coninck audientie hadde, was seer Heerlijck. de twede audientie hadde den Heer Ambassadeur op het binnen hoff voor Basscha vergeselschap [3] van twe ande grooten, ende een secretaris vanden Coninck. desen Basscha is den eersten van 't rijck naer den Coninck, is een beleeft [4], cloeck ende verstandich man. De derde ende laetse audientie hadde den Heer Ambassadeur bij den Coninck, die hem vriendelijck beiegende, ende met den Heer Ambassadeur verscheijde pro-

---

que ces trois pommes sont d'or massif, et ont été fabriquées aux frais d'une reine de Maroc, on les dit deplus enchantées, de sorte que personne ne peut les enlever, quoique la tentative en ait été faite plus d'une fois. Il n'y a pas un mot de vrai dans toute cette histoire. Jamais reine de Maroc n'a possédé assez d'or pour faire fabriquer ces boules qu'on dit peser 700 livres; cependant on ne saurait nier qu'elles sont bien plus resplendissantes que celles des autres tours, et il est donc bien possible qu'elles soient recouvertes d'une mince plaque d'or.

[1] celui qui aurait l'audace etc.

[2] une demie douzaine.

[3] le *t* final du participe manque.

[4] affable.

poosten voerde, waer naer den Heer Ambassadeur, ende wij van sijn Maiestijt met alle respect ons afscheijt namen.

Sijn Maiesteijt vereerden aenden Heer Ambassadeur ses paerden, twalef Valcken, twe Camelen, en een kostelijken sabel, sijnde de schede op eenige plaetsen met fijn goudt beslagen.

Ick ende noch een schilder van Antwerpen werden versocht uijt des Coninx naem aldaer eenigen tijt te willen blijven, met de belofte van een ducaet des daechs tot pensioen, maer wij verstaende hoe dat men andere Christenen met schone beloften hadden misleijt, resolveerden liever te willen sterven dan onder dese goddelose barbaren ons leven te verlangen.

Nota. daar is een hof van plaisantie vanden Coninck, gelegen een half uur buijten de stadt Marocco, wert gehouden voor de vermakelijckste plaets van geheel Africa, is beplant wel met vijftien duijsen citroen bomen met seer hoge ende heerlijke aqueducten tot spijsinge vande fonteijnen, ende visrijke vijvers die alhier sijn. in somma meriteert wel gesien te werden [1].

Den 8 Maij sijnde woensdach sijn wij tegens den avondt uijt de stadt Marocco vertrocken, vergeselschapt van eenige soldaten, ende Engelse Coopluijden, ende hebben dien nacht onse leger plaets genomen over de Rivier twe mijlen van Marocco; onder wegen sagen wij het koren op veel plaetsen al maeien, ende oock op esels geladen t'huijs brengen, ende sijn des vrijdachs op den naer middach, op het Casteel vanden Alkeijr Rammerdam bij den Mare salines gearriveert, alwaer wij onse nacht rust hebben genomen; des anderen daechs sijn wij van daer wederom vertrocken ende door den voorss. Alkeijr Rammerdam tot Saffia geconvoijeert alwaer 's avondts den elfden Maij arriveerden.

---

[1] Il est étonnant, que les voyageurs modernes dans leurs relations ne fassent plus aucune mention de ce curieux jardin.

Den 14 ditto. is den Heer Ambassadeur wederom aen boort van ons schip gekomen.

Den 22 hebben ons ancker voor Saffia gelicht, ende drie verschoten gedaen hebbende, sijn met een N. windt naer S^t. Crux 't zaijl gegaen.

Den 23 hadden noch goeden windt,

Den 24 passeerden Capo de Geer [1], maer kregen sulcken stilte, dat wij wederom vande wal, die lang in 't gesicht hadden gehadt, van onse cours afgedreven sijn.

Den 25 ditto. hebben op den middach met een Noorden windt wat coelte gekregen, maer is op den naermiddach wederom stil geworden, en hadden doen 't landt van S^t. Crux in het gesicht. ons bootsvolk begosten met de chaloup te boucheren, maer de windt sich wat verheffende sijn wij even naer sonnen ondergaenck op de Reede voer S^t. Crux [2] gekomen, alwaer wij vonden een Engels ende twe franse schepen. dien selven avondt quam ons Monsr. Lijbergen met eenige andere aen boort besoecken ende brachten een brief

[1] Aujourd'hui appelé cap d'Aguer, aussi Ghir ou Grir. (le Râs Aferni ou Afourni). La carte de M. Renou indique pour ce point une élévation de 866^m. Sa position géographique est de 30° 38′ 00″ lat. N. et 12° 12′ 00″ long. O. de Paris. (observ. de Borda.) On y aperçoit les derniers sommets de l'Atlas, et ce sont là les points les plus élevés qu'on rencontre jusqu' à la côte de Guinée. Après le cap Grir, la côte est généralement bordée de falaises de grès derrière lesquelles s'élèvent des montagnes de quelques centaines de mètres. (Renou)

[2] Nom donné par les Portugais à la petite ville maritime d'Aghadir ou Agâder اقادر située au sommet d'une colline de 188^m, à 30° 28′ 35″ lat N. et 11° 56′ 20″ long. O. de Paris. Elle possède un assez bon port, et a été fondée vers 1500 par un seigneur portugais pour protéger un établissement de pêche. Quelques années plus tard le roi de Portugal l'acheta et fit bâtir à la place une petite ville forte que les Portugais delaissèrent en 1580. (Renou, Host.) D'après Davidson Agâder n'est plus qu'un misérable village avec une population de 47 musulmans et 62 juifs.

van Eenen genaemt Derwel, die coopman was vande gevangen slaven. tot St. Crux is een casteel leggende op een seer hogen berch, ende schijnt niet lichtelijck winbaer te sijn.

Den 27 ditto. kregen wij tijdinge dat die van het casteel den broeder vanden Santon [1] alle uijren waeren verwachtende; een moor op het casteel een stuck geschut sullende afschieten, is selve geborsten ende is aen 't hangen vande buijck soodanich gequest dat alles verloor, maer bleef evenwel noch in het leven.

Desen dach vonge onse maets veel vis, en onder anderen een vreemt fatsoen [2] van een zee-ael, het vel seer schoon

---

[1] Voici ce que nous rapporte de Vries p. 78. (Dan. Vol. II.) sur ces „Santons" qui jouèrent un si grand rôle dans le Maroc; „Dese Santen spruyten uyt d'Alarben; en sijn in Mauritanien van twederley slagh. 't Eerste onthoud sich in de Gebergten, en sijn van d'Edelste des Lands, uyt de treflijkste Geslagten... Van jongs af oeffenense sich in den Oorlogh, en volharden daer in tot 't eynd van haer leven. Overvallen de Caravanen of *reysende* Geselschappen; slaen de Menschen dood, en bekoomen dickmael seer grooten Buyt. Somtijds plonderense oock wel geheele Steeden en Volckplantingen. Dit sijn de wildste en ongeregeldste deser Landen; sonder Wetten, Gregtigheyd of Beleefdheyd. Derhalven sy oock, van andere overwonnen sijnde, met deselve munt werden betaeld.

„'t Ander slagh bestaet in d'Edele der Vlackten, welcke op de Velden in Tenten woonen. Over haer regeerd een Hoofd, genoemd Zeck; die Regt doet over de misdaadige, en 't Bevel over alles heeft. Sijn' Onderdaenen saeyen Tarwe, Rogg' en andere Landvrugten. Elck Geslagt houd sich by malkander. Uyt een derselver kunnen somtijds vijf duysend Paerden, elck voorsien met sijnen Man, ten Oorlogh leveren. Dickmael veranderense van plaets, gemeenlijck haere Tenten opbreeckende, en deselve anderweegen weer neersettende. Breeder berigt van haere gewoonten hebben wy gegeven in 't derde Deel onser: Curieuse Aenmerekingen der bysonderste Oost- en West-Indische verwonderenswaerdige dingen, pag. 105."

[2] mot formé d'après le français, façon.

gespickel (volgens de nevens gaende tekeninge [1]) lanck ruijm drie voeten, wordt op de Moortse Tael en Vrine genoemt, gelijck aen ons verklaerde Monsr. Lijbergen, die langen tijt tot Salee hadde gewoont. des avondts hebben desen ael gesoden, was smakelijck blanck en vet van vis en goedt om met asijn [2] gegeten te werden.

Den 28 en 29 ditto was het noch goedt weer, ende kregen tijdinge dat den Santon selfs in persoon tot S^t. Crux wiert verwacht, het welk den Heer Ambassadeur veel moeijten soude afnemen, alsoo Jliego [3] 24 mijlen te rijden van hier is, ende den wech op het alderpericuleuste.

Den 30 ditto. tegens den avondt is den broeder vanden Santon met grote suite tot S^t. Crux gekomen, die van het casteel schoten dapper ende wij vande schepen niet minder. als nu hebben wij goede hope tot de verlossinge vande gevange slaven.

Den 31 ditto. heeft den broeder vanden Santon aen ons boort tot een vereringe gesonden twe ossen, ende twalef schapen. den Heer Ambassadeur sondt drie personen van ons schip bij hem op het casteel. Spraken in 't lanck ende breedt vande gevangen slaven, ende quamen met goedt contentement wederom aen boort; men seijde dat sijn broeder den Santon aen hem volkomen ordre hadde gegeven van met den Heer Ambassadeur wegens de gevange slaven te handelen.

Den 1 Junij is den Heer Ambassadeur self in persoon aen Junij.

---

[1] C'est sans doute N° 2, de la 18e planche, qui ne porte aucun titre; N° 1 représente une murène, qui, comme nous apprenons par une note écrite au crayon, fut prise à St. Crux le 27 mai 1641, ce qui coincide parfaitement avec la date ci-dessus. — Voy. la description des dessins.

[2] vinaigre.

[3] Sans doute la ville d'Igli située dans l'intérieur du pays, au S. E. d'Agâder et de Taroudant.

laend gevaren wel geeonvoyëert sijnde van sijn suite. uijt het schip wierden acht eerschoten met het Canon gedaen, ende alle de musquetten sijn oock drie mael gelost.

Op het strandt beneden aenden voet vanden berch daer het casteel op leijt stondt den broeder vanden Santon met den Gouverneur van St. Crux den Heer Ambassadeur verwachtende, die de presenten aen den broeder vanden Santon overleverde, ende daer naer sprack van het verlossen vande slaven, maer dien dach wiert het accoordt noch niet getroffen al is 't saken bij naer den gehelen dach bij den anderen op het strant bleven, ende van malkanderen tegens den avondt met goed contentement schaijden, met beloften dat, des anderen dachs de bijeenkomst wederom zoude werden hervat.

Dien selven avondt sijnder twe posten aen den Santon [1] sonden, terwijl sijn broeder pretendeerde dat de presenten te gering waeren, ende derhalven dese sake, sonder naerder verklaringe vanden Santon, niet en dorst over hem nemen.

Den 2 Junij is den Heer Ambassadeur wederom aen landt gevaren, ende heeft met den broeder vanden Santon soo verre gehandelt dat alle de slaven soo wel van 't eerste als twede gestrande schip in vrijheijt souden werden gestelt, mits conditie dat den Heer Ambassadeur, boven de presenten alrede [2] gedaen, aen den Santon noch soude betaelen de somma van twe duijsent ducaten. ende dat den broeder van den santon binnen ses ofte seven daegen selver in persoon alhier tot St. Crux soude brengen alle de slaven van twe schepen, sijnde twe en seventich in het getal. ende is den selven broeder, op datter geen tijt verloren soude gaen, sonder

---

[1] Il avait nom Side Ali (de Vries. p. 73.) ou, comme Matham l'appelle plutard, Sidali.

[2] déja, comp. l'angl. already.

verder uijtstel [1] tot volvoering van het contract naer Jliego vertrocken. onder dit accoort heeft den Heer Ambassadeur mede uijt de slavernije verlost een oudt fransman die alhier wel veertich jaeren slave was geweest.

Terwijl men met verlangen het komen van de slaven verwachte, soo is ons volk niet ledich [2] geweest, maer vongen veel schone vis tot de dagelijxe ververſinge.

> Nota. Het eerst gebleven schip was genaemt „Erasmus van Rotterdam" het volk daer van was een en vijftich starck geweest, daer van warender vijf gestorven, ende een Oosterling was Moors geworden. het twede schip was genaemt „de maecht van Dordrecht" had 28 Man. alle baijde schepen waren uijt gevaren in dienst vande Westindische compagnie.

Den 7 Junij is den ouden fransman, die 40 iaeren alhier in slavernije hadde geseten, met brieven vanden santon aen den Heer Ambassadeur gekomen, brengende seer slechte tijdinge, namentlijck dat den Heer Ambassadeur vijf hondert ducaten meer soude betaelen als met sijn broeder veraccordeert was, en dat daer voor alleen vrij souden gelaten werden de 45 slaven van het eerst gebleven schip, blijvende de 28 slaven van het twede schip in de ellendige slavernije sitten; voor welcke weijnige apparentie van uijtkomst ende verlossinge hier naer te hopen of verwachten sal sijn, bij aldien bij de gelegentheijt van dese Ambassade niet vrij en geraken, endit Goddeloos Vollick [3] passen seer waijnich op het onderhouden van haer gemaeckte contracten, beloften, of eden, want in het contract dat den Heer Ambassadeur met den Broeder vanden Santon hadde gesloten, waeren de

---

[1] sans délai.

[2] ne resta pas oisif.

[3] forme amplifiée de : volk ; peuple,

slaven van het twede schip mede expresselijck in bedongen, als hier voren is aengevoert.

Desen ouden fransen slaef bij ons in 't schip blijvende, verhaelde de miserabile conditie van voors. slaven, namentlijck slecht tractement van spijs ende dranck, ende daer tegens wiert haerlieden swaren arbeijt op geleijt, soo dat men kan overdencken de droefheijt die de arme gevangens mosten hebben, siende haer landtsluijden van het eerst gebleven schip vertrecken, ende haer van dat geluck versteecken, ende gedwongen te blijven onder de macht van dese onredelijke, ende onbarmhartige barbaren. Den Heer Ambassadeur heeft het daer niet bij gelaeten, maer in allen haest de brieven vanden santon met twe capressen te paert te post beantwoort.

Den 8 Junij is den Moorse Capiteijn Wallis uijtgereden om de 45 slaven te gaen haelen.

Den 14 Junij sijn de 45 slaven des morgens omtrent ten tien uijren tot S[t]. Crux gekomen, waer op den Heer Ambassadeur voort aen laend is gevaren, ende heeft met den Capitaijn Wallis ende andere Moren gesproken ende gemaeckt dat de slaven voort aen boort quamen, die van blijtschap qualijck [1] kosten eten, of drincken. hadden onder weech tot haer convoij ende bewaringe gehadt twintich ruijters niet sonder groot ongemack op de raijs. den Heer Ambassadeur dede voort het lijwaet importerende twe duijsent ducaten in voldoeninge van het accoort met den broeder van den santon gesproken aen landt brengen, maer beklaechde sich seer dat het accoort niet beter wiert naergekomen, gemerckt alle de slaven vande twe schepen daar inne waeren besloten; niettemin den Zanton eijste [2] voor de resterende

[1] à peine.

[2] (eischte) exigea.

achtentwintich slaven noch drie duijsent ducaten, het welcke alwaer het saken onredelijck was, nochtans soo was den Heer Ambassadeur genootsaeckt, daer op een bodt te doen van duijsent ducaten, waerop aenstonts een post naer den Zanton is afgevaerdicht, omme sijn goedtvinden daer op te hebben.

Den Broeder vanden santon wordt alhier voor een verstandich goet ende beleeft man gehouden, desen was vertrocken naer een plaets genaemt Mosse, [1] gelegen tusschen St. Crux ende Jliego, door welcke plaets de slaven mosten door passeren, ende hij haerlieden aldaer siende seijde beleefdelijck, „Vrienden, gaet met Godt, en ick verhope dat Godt u altesaemen tot in U vaderlandt sal geleijden, ick vertrecke naer Jliego tot mijn Broeder, ende sal maken dat de andere slaven mede haer vrijheijt wert gegeven."

> Nota. den Santon is een wreedt, ende onbarmhartich mensch; als de slaven aldaer eerst quamen, soo saijde hij tot haer „Godt heeft U. L. alhier gesonden, om dat gijlieden altesaemen lustich voor mijn arbaijden soudt, want ick heb U. L. selver niet kunnen haelen, ende alst Godt belieft sult gij wederom vertrecken," ende nu vertreckende seijde hij „gaet heen, ende komt mij over een iaer ofte twe wederom eens met een geladen schip besoeken, om mijn werck wederom te helpen doen."

Volgen de namen der slaven die met het schip „Erasmus van Rotterdam" op den 17 April A° 1638 in dienst vande Westindische compagnie waren uijt gevaeren, ende gestrant sijnde, onder den santon Sidali tot Jliego in Barbaria in slavernije waeren vervallen, ende nu door den Heer Ambassadeur verlost.

---

[1] Nom qui ne se trouve pas sur la carte de M. Renou.

Opper Coopman Jacob Adriaenss. Vander Wel, van Delft.
Onder Coopman Crijn Alderss. Coninck, Van Delft.
Schipper Ocker Willemss. Kruijf hooft, Van Rotterdam.
Stuurman Pieter Pieterss. Princelandt, bij den Briel.
Hoochbootsman Leendert Francken Vanderhorst, Van Rotterdam.
Timmerman Cornelis Jacobss., Van Rotterdam.
Assistent Hans Jeuriaen Bierboom, Van Amsterdam.
Assistent Pieter Franss. Vander Wiel, Van Delft.
Cock Cornelis Pieterss., Van Santvoort.
Quartier Meester Philips Gerritss, Van Delft.
Quartier Meester Jan Barentse, Van Rotterdam.
Quartier Meester Simon Janss., Van Rotterdam.
Bosschieter Marten Hermanss. Vander Heij, Van Rotterdam.
Soldaet Jan Korts. Vander Meurs, Van Leijden.
Schippers soontje. Willem Ockerss. Kruijff hooft, Van Rotterdam.
Barbier Abraham Fort, Van Baiona.
Soldaet Simon Mulaert.
Bosschietersmaet Jacob Janss., Van 's Gravesande.
Bootsgesel. Jacob Leendertse, Vanden Briel.
Domine Pieter Havenss, Van Rotterdam.
Bootsgesel Jan Aelbertse, Van Haerlem.
Bootsgesel Cornelis Hermanss., Van Rotterdam.
Kuijper Job Janss., Van Rotterdam.
Onderkuijper Adriaen Tomass., Van Rotterdam.
Provoost Jan Janss., Van Luijck.
Bootsgesel Dingheman Gijsbertss., Van Brouwershaven.
Bosschieter Leenaert Wouterss. Gaerpenning, Van Rotterdam.
Trompetter Jan Fredenckss., Van Rotterdam.
Kaiuijt wachter Floris Theemissen Beddeman, Van Rotterdam.
Kaiuijt wachter Paulus Janss., Van Rotterdam.
Bootsgesel Laurens Jsackse, Van Santvoort.

Bootsgesel Engelbrecht Willemss., Van 's Gravenhagen.
Bootsgesel Cornelis Claess., Van Durkerdam.
Soldaet Jacob Janss., Van Rotterdam.
Soldaet Jan Janss., Van Leijden.
Soldaet Jan Pieterss., Van Santefoeij,
Een Jongen Hendrick Jacobss., Van Rotterdam.
Een Jongen Hendrick Joriss., Van Rotterdam.
Een Jongen Dirck Lambertsen, Van Rotterdam.
Soldaet Jsack Jasperss., Van Middelburch.
Bootsgesel Dirck Dircksen, Van Amsterdam.
Corporael Van 'tgeweer Huijber Pieterss., Van Gorcum.
Bootsgesel Jan Corneliss. Post, Van Rotterdam.
Bootsgesel Lambert Janss., Van Leerdam.
Soldaet Jacob Janss. Van de Velde, Van Rotterdam.

Dese naervolgende sijn te Jliego overleden:
Seijlemaker Jan Pieterss. Peijesant, Van Delft.
Soldaet Pieter Janss., Van Hoesum.
Bosschieter, Jacob Janss. Lerenbaert, Van Gendt.
Soldaet Jan, Van Bommel.
Bosschieter Marten Dirckse, Van Tessel.

Aengaende de slaven van het andere schip isser geen apparentie geweest deselve vrij te krijgen, niet tegenstaende alle bedenckelijke devoiren door den Heer Ambassadeur aengewent, gemerckt den Goddelosen santon sijne ongefundeerden eijsch niet heeft willen verminderen, oversulcx sijn genootsaeckt geweest te blijven in dese ellendige slavernije.

Gedurende den tijt dat wij hier hebben gelegen, isser door ons volck veel visch gevangen, ende is de windt ordinaris des daechs uijtter [1] zee geweest, ende des nachts uijt het landt.

Den sesten Julij sijn wij tegens den avondt van St. Crux Julij.

---

[1] contraction de: uit de.

t'zail gegaen, onse cours nemende naer Saffia, om daer soo de windt ons enichsints wilde dienen, wederom op de Rede te komen, ende de paerden en valcken van den Coninck van Marocco aen den Heer Ambassadeur vereert, in te nemen. desen nacht sijn wij met een N. O. windt een stuck in ze gelopen, evenwel hebben des morgens de Caep de Geer noch in het gesicht gehadt.

Nota. tot St. Crux kregen wij noch binnen scheeps boort drie en veertich, soo bocken, gaijten, als schapen, en vijftich hoenderen, ende drie valcken die aenden Heer Ambassadeur waeren vereert. Den meesten handel die ons volck met de mooren, ende Joden hebben gedaen, is geweest tegens pluijmen, Indigo, geel was, arabise gom, ende dadelen welcke laetste alhier te lande in grooten overvloedt wassen. Pieter Moor met sijn soon sijn bij ons in 'tschip gebleven, met intentie om haer in Hollandt tot het Christen geloof te begeven.

Den 7 ditto hebben wij de Caep de Geer noch in het gesicht gehadt.

Den 8 en 9 ditto hebben wij door contrarie windt onse cours naer de Canarise Eylanden moeten setten, door dien de Noorde windt die wij nu drie etmael [1] hebben gehadt belette dat wij Saffia niet konde besaijlen.

Den 12 ditto. hebben wij Madera in 't gesicht gekregen, hopende dien selven avondt op de Ree gekomen te hebben, maer het heeft niet willen gelucken. Den volgenden nacht hebben wij met een N. O. windt en goede koelte het soo verre gebracht dat wij de hoochte vande Serters hadden.

Dese Serters sijn zee Clippen leggende omtrent drie mij-

[1] pendant trois fois vingt-quatre heures.

len van Madera, maer onbewoont van volck, maer eenige luijden geloven datter veel bocken en gevogelt op is.

De intentie van den Heer Ambassadeur is niet geweest te Madera aen te lopen, maer den windt, ende harden stroom hebben ons wel gedwongen, onse cours daer naer toe te nemen. soo dat wij tegens den avondt dicht onder het Eylandt ende de stadt madera [1] sijn gekomen, als wanneer het doodt stil is geworden, soo dat ons volck genootsaeckt waeren met alle macht te boucheren om op de reede te komen.

Den Heer Ambassadeur sondt met de klaijne boodt eenich volck aen landt met een brief aenden Gouverneur. welk volck seer wellekom waren, ende wierden beleefdelijck onthaelt, ende verstonden dat het waer was 't gene wij tot

---

[1] Cette île est située à l'Ouest du Maroc; elle a environ 8 milles géogr. de longueur sur 3 de largeur, et représente une superficie de 15.75 milles géogr. carrés. Les côtes de l'île sont escarpées et s'élèvent peu à peu vers le centre de celle-ci, formant ainsi le pic Ruivo qui atteint une hauteur de 5700 p. par. Quantité de ruisseaux s'échappent de ses flancs, tombent en cascades de rocher en rocher et descendent ainsi dans les superbes vallons ornés d'une riche végétation. Madère est toute d'origine vulcanique, mais l'activité de ces feux souterrains y est déja depuis longtemps éteinte.

Les plantes les plus remarquables de cette île, sont, outre la vigne qui y croit surtout sur le versant S., le Arum esculentum, la chataigne (1000—1200 pieds de hauteur) Laurus Canadensis, Oreodaphne foetens, Persea indica, Pinus pinaster, Erica arborea, Vaccinium maderense, Ficus stipulata, Colocasia antiquorum et autres plantes tropicales.

Des 98.320 habitants que comptait Madère en 1857, il en venait 25000 sur la ville de Funchal, sa capitale située pittoresquement sur la côte S. de l'île. Bâtie en amphithéatre celle-ci s'éléve jusqu'à 200^{m} audessus du niveau de la mer; sa rade n'offre que peu de sureté.

La température annuelle moyenne de Madère est de 15° 50 R.; cette douceur de son climat en fait la résidence de beaucoup de pulmonaires qui viennent y chercher guérison.

Saffia, ende St. Crux gehoort hadden, namentlijck dat de Portugiesen den Coninck van Hispanien afgevallen waeren, en consequentlijck het Eylandt ende stadt Madera, en dat een verbondt ende unie gemaeckt hadden met haer Ho. Mo. de Staeten Generael vande Verenichde Nederlanden om gesamentlijck den Oorloch den Coninck van Hispanien aen te doen. het volck met de klaine boodt brochten vanden Gouverneur een brief tot Antwoort aenden Heer Ambassadeur, waer bij den gouverneur aenden Heer Ambassadeur liet weten de beslote unie tussen zijne natie, ende onse, dat oversulcx alle het gene op het Eylandt te bekomen was tot onsen dienst soude sijn, ende wij van harten wellekom souden wesen, mits dat den Heer Ambassadeur soude gelieven te bethonen het beschaijt van sijn qualiteijt hem gegeven door haer Ho. Mo. ende sijn hoocheijt mijn Heer den Prince van Orangien welck beschaijt voorts sonder uijtstel vertoont sijnde aen den Gouverneur van Madera, soo heeft den selven drie treffelijke mannen aen ons boort gesonden, om den Heer Ambassadeur te verwellekomen, ende bij den Heer Gouverneur ter maeltijt te nodigen. corts daernae sijnder noch andere drie aen boort gekomen (soo als de voorgaende waeren vertrocken) onder dese was een Delvenaer genaemt Sonneman, die alle bethoonden hoe aengenaem onse komste aldaer was. twe uijren daernaer isser wederom een Poortugees aen boort gekomen, met eenige verversingen die den Heer Gouverneur aenden Heer Ambassadeur sond, ende vereerde; onde dese was een groot vadt delicaten wijn, schone confituren, schone peeren, karssen, pruijmen, druijven etc. twe hammen [1], calcoenen en hoenderen, in summa een schone provisie van verversinge. daer wierden doen van het schip verschaijde eerschoten gedaen, men liet de Grote Vlagge waeijen, ende de Trompet-

[1] jambons, comp. l'anglais : ham.

ten bliesen, soo dat het een dach van vreuchde was. naer den middach is den Heer Ambassadeur met twe Portugiesen en den Delvenaer Sonneman, met eenige van sijn suite met baijde de chaloupen aen landt gevaren; wij deden alsdan seven eerschoten, ende de musquettiers schoten ook driemael salvo: die vande stadt hebben op vier castelen die daer zijn elck met drie schoten geantwoort. Den Heer Ambassadeur aen landt komende, isser een hopen volcx toegelopen, ende eenige compagnien, soldaten met musquetten en vliegende vaendels verwelkomden den Heer Ambassadeur daerentusschen waeren wij op het schip seer verblijt dat wij in Christen landt wederom gekomen waeren, ende de Clocken hoorden slaen, die wij in soo langen tijt in Barbarijen niet gehoort en hadden, gemerckt aldaer geen clocken en sijn.

Vorders soo hebben wij alhier op de reede gevonden ellef schepen, soo Engelse als Hamburgers, ende desen dach sijnder noch drie bij gekomen, namentlijck een Engelsman, ende twe portugiese caravelen.

Madera is soo schonen Eijlandt alsser soude kunnen gevonden werden, seer plaisant om aentesien, vruchtbaer soo van alderhande schone fruijten, als van suijckerriet, [1] kooren ende soo voorts. het hoochgeberchte selfs is met vruchtbare bomen wel beplant, het gevogelte isser in Abondantie, in summa soude wel te recht een aerts paradijs kunnen genoemt werden.

Den 14 ditto. kreech al ons volck, die wilde, consent om aen landt te varen, welcke seer grag [2] sijnde nae de leckere wijn, waervan in langen tijt niet sieck waeren geweest, voe-

---

[1] canne à sucre.

[2] avides.

render wel hondert en vijftich aen landt, die alle niet evenverstandich wederom en quamen.

Den 17 ditto. is den Heer Ambassadeur wederom uijt de stadt aen ons boort gekomen, alwaer hem vanden Heer Gouverneur ende vordere Heeren alle eer ende vriendtschap was aengedaen.

Ick hebbe het gehele Eijlandt seer net uijtgetekent [1], ende bevinde datter op het Eijlant drie bequame havens sijn voor de schepen. vorders so hebbe bevonden dat de grote kerck een schoon gebou is constich gemaeckt, ende bij naer van boven tot beneden toe vergult. daer in sijn elf altaeren, drie capellen, en twe Orgalen. de stadt is voorts met geestelijke personen tot overvloet voorsien.

Den 26 ditto. heeft den Heer Ambassadeur aen landt sijn afscheijt genomen van den Gouverneur, ende den Bisschop, ende is weder aen boort gekomen, doende die vande Castelen, ende van ons schip eenige eerschoten.

Den 27 Julij sijn onse grote ende klaijne chaloup naer landt gesonden, om het volck dat daer noch was gebleven aen boort te brengen, laetende Cornelis Van Haerlem tot Fonciael [2] in de gevankenisse sitten [3].

Dien selven avondt sijn wij voort t'zaijl gegaen.

Den 28 ditto. hebben wij onse cours naer Saffia geset, om de paerden ende valcken, die wij aldaer gelaeten hadden, aftehaelen, maer door de contrarie harden windt hebben inden tijt van acht dagen Saffia niet kunnen bezaijlen, maer sijn altelaech [4] vervallen, soo dat wij wat hoger als

[1] Ce sont les planches 29. 30. 31 et 32 décrites dans notre spécification des dessins de Matham insérés dans son journal.

[2] Funchal, la capitale de l'île de Madère

[3] Cette phrase n'est expliquée par aucun passage ni précédent ni suivant du journal.

[4] trop bas; ici: trop méridionalement.

Mogodor de Barbarise kust eerst in het gesicht hebben gekregen, vresende dat door gebreck van vivres, sonder paerden of Valcken onse Cours naer het Vaderlandt sullen moeten wenden.

Is noterenswaerdich dat alswij noch niet verre van Madera waren ende in stilte dreven, heeft een Heij langen tijt om ons schip geswiert bij hem hebbende grote menichte van Visschen die se Piloter noemen, ons Volck wierp hoecken uijt, aen een vande selve geraeckte desen Heij vast, maer hij geraeckte door sijn swaerte ende de grote kracht ende gewelt, die hij in het ophalen gebruijckte, wederom los, ende was naer gissinge die men maeckte wel twintich voeten lanck.

Den 7 Augusti naer den middach, hebben wij de windt soo variabel gehadt, dat men inden tijt van een glas viermael heeft moeten wenden. Augustus.

Den 8 ditto. hebben wij door het mistich en dampich weder het landt niet cunnen sien, en ons schip is soo leck geworden dat men in acht glasen achtien hondert steecken heeft moeten pompen.

Den 9 ditto. hebben wederom 's morgens het landt beginnen te sien, doch wat naerder bijkomende bevonden dat noch verre beneden den zuijt hoeck van Saffia waren.

Den 12 ditto. hebben wij naerden Middach (Godt lof) ons ancker voor Saffia laeten vallen.

Den 13 Augusti heeft ons volck voor Saffia veel vis gevangen, soo steenbrasems als andere.

Ditto een gedeelte van voorgemelte tien duijsent pondt broot dat den Heer Ambassadeur voor desen tot Saffia besteedt hadde gebackt te werden, aen boort gekregen.

Den 14 ditto. sijnder vijf schone valcken aen boort gebracht.

Den 22 ditto. heeft een van ons Volck uijt de constapels

kamer, een haij gevangen leggende op de Reede voor Saffia, in wiens Rob [1] tot grote verwonderinge een camelion wiert gevonden. [2]

Den selven dach is Jacob Arissen wederom van Maladia aen boort gekomen, laetende Lijsbeth Jans bij haer Vader blijven.

Den 27 ditto. hebben wij ons ancker wederom gelicht, ende hebben wat naerder de Noorthoeck van Saffia ende wat verder van 't landt, het ancker wederom inde grondt laeten vallen.

Den 29. 30. 31 ditto. hebben wij een partije schone tarru aen boort gekregen.

September. Den 1 en 2 September hebben wij aen boort gekregen een partije geel was.

Den 3 ditto. hebben wij wederom aen boort gekregen twe paerden en seven Valcken.

Den 4 ditto. sijn wij tegens den avondt van voor Saffia t' zaijl gegaen met een noort Noort Oosten windt onse cours nemende naer de Vlaemss Eijlanden; wij deden drie eerschoten.

Van den 4 tot den 12 ditto toe, hebben wij met heel goedt weder gesaijlt tot op hoochte van 37 graden, meest gaende N. W. ten N, ofte N. N. W.

Den 13 en 14 hebben wij wat beter windt gekregen, edoch variabel ende stil weder etc.

Tusschen den 18 en 19 ditto inde nacht met een wackere coelte voor de windt saijlende, isser haestich en onverwacht een storm opgestaen, soo dat de mars-zaijlen [3] aen flenteren [4]

---

[1] estomac.

[2] Matham le dessina. Voy. planche 21. N° 1.

[3] la voile du grand mât.

[4] en lambeaux.

scheurden, eer wij die in konden krijgen. ende de windt scharper wordende, ende de storm vermeerderende, sijn de schover saijlen, besaen, en alles wat bijstondt aen stucken gescheurt. soo dat wij dien nacht ende voorts dien volgenden dach geen zaijl ter werelt konden voeren. wij dreven op Godts genaden in een swaren tempeest ende groot perijkel van schip en leven te verliesen, tot dat tusschen den 19 en 20 September 's nachts het weer wat bedaerden, maer echter met een contrarie windt; inde vorss. storm sonder saijlen drijvende sijnder drie volle zeen in het schip geslagen, waer door het gallioen aen stucken wiert gesmeten ende voorts de stucken in zee dreven. ende alles kraeckte wat aen het schip was. daer verdroncken omtrent sestich hoenderen, ende vande koude en nattieheijt stierven vier valcken, maer al ons Volck is (Godt lof) onbeschadicht en ongequest gebleven; op dese tijt waeren wij op de hoochte van twe en veertich graden en vijfendartich minuten niet verre vande caep Finis Terrae.

Den 21 September kregen wederom liefelijck weder, maer de wind is al noch N. N. O. gebleven. ons Volck droochden [1] haer buldt sacken en klederen.

Den 22 hebben wij des nachts een goede zuijt weste windt gekregen. en kregen met volle zaijlen een goeden voortganck.

Den 23 de windt Z. zetten onse cours naer de Caneel toe.

Van den 25 ditto. af isser grote verslagentheijt onder het volck gekomen, alsoo door het mistich weder in het verkeerde Caneel geraeckt waeren, want menende dat wij aen de eene zijde Garnzeij [2] en Ornaij [3] souden hebben, ende aen de ander zijde het Eijlandt wicht, [4] bevonden ons met

---

[1] firent écher.

[2] Guernesey, du groupe des îles Anglo-Normandes.

[3] Voy. pag. 89 note [4]

[4] L'île de Wight.

groote droefheijt in het verkeerde Caneel vervallen te sijn omtrent het Eijlandt Sondi [1]; den windt was Z. W. met een harde regen, sulcx dat men naulinx [2] twe mael scheeps langte van sich conde sien. wij waeren in die tijt in soodanigen perijkel, dat het naer menschen oordeel onmogelijck was de doodt te ontgaen, 't en waer saken het de barmharticheijt Godts belieft hadde ons uijt die swaricheijt te verlossen. want indien het weder op het onversierst niet opgeklaert en hadde, ende windt waere gaen leggen, soo souden wij vervallen sijn geweest op een vande twe sanden, ofte droochten [3] leggende in het midden van 't verkeerde Caneel; waer van het eene genaemt is Werwickx, het andere Naelsandt, ende soude ons schip aen duijsent stucken gestoten hebben, sonder de minste apparentie van ons leven te kunnen salveren, of dat iemant geweten souden hebben waer dat wij verongeluckt waeren. Naer dese grote verslagentheijt het volck wederom wat moet grijpende, sij [4] wij naer veel keren en wenden, op den donckeren avondt gekomen voorde stadt Tinbij [5] in Wals engelandt, sijnde een seer periculeuse Reede, alwaer wij alle onse anckers, uijt genomen het plechtancker hebben verloren; in desen hedroefden nacht spoelden Elcken zee los over het schip heen, soo dat wij eens meenden dat het schip al aen het sincken was, ende deden voor het laetste het gebedt siende geen ander uijtkomst als

---

[1] L'île de Lundy, à l'entrée du canal de Bristol, et faisant partie de Devonshire; l'orthographe „Sondi" est évidemment fausse; plus tard (voy. 20 octobre, du journal) elle est rectifiée en Londy.

[2] (naauwlijks) à peine.

[3] bancs de sable.

[4] pour sijn.

[5] La ville de Tenby dans le Pembrokeshire, le comté le plus occidental de Wales (Galles.), située sur la côte méridionale et en face de l'ilot de Caldy.

de doodt; onse grote chaloup raeckte mede aen stucken, ende dreef zewaert in. Aaende grote mast stondender twe vaerdich om die te kappen, doch werde bij eenige noch tegen gehouden, maer wiert voorgenomen, sco drac den dach gekomen soude sijn, op de bequaemste plaets daer best lijfberging soude sijn het schip te doen stranden. Maer Godt Almachtich heeft het voorsien door het keren vande windt, die heel Westelijck inde morgenstondt is gelopen, sulcx dat wij (Godt lof) met het schip uijt dese ellendige haven sijn geraeckt, achterlaetende twe anckers, ende sijn tot Wilfordtshaven [1] op de Reede gekomen.

Den 19 October sijn wij uijt Wilfordtshaven t'zaijl gegaen, onse cours nemende naer de Sorles, [2] ofte Engelandts Endt [3], om soo naer veel periculen de Rechte Cancel in te loopen, de windt sijnde N. W. October.

Den 20 ditto. hebben des morgens het Eijlandt Londij [4] in zij van ons gehadt, sijnde goedt ende bequaem weder, de windt al noch N. W. dien selven dach hebben onse maets op het schip gegrepen een goede vette houdt snip [5] oock waeren daer vante vooren drie ofte vier sperwers gegrepen, de welcke moede gevlogen sijnde, op de marsen en andere plaetsen van het schip quamen rusten.

Den 21 ditto. hebben de windt Oostelijck, ende N. O. gehadt, met stil weder, ende drie volgenden nacht met klare maneschijn sijn wij tusschen de Sorles, ende Engelandts Endt

---

[1] Identique avec Milfordhaven, golfe long et sinueux de Pembrokeshire.

[2] Les îles Sorlingues, ou archipel de Scilly, composé de 145 îlots, au S. O. de la Grande Bretagne, et vis-à-vis la pointe de Lands End.

[3] C'est le cap Landsend au S. O. de la Grande Bretagne, dans le Cornwallis (Cornouailles.).

[4] Voy. pag. 84. note 1.

[5] bécasse.

deurgelopen, soo dat wij tegens den morgenstondt, Godt lof, inde Rechte Caneel geraeckt sijn.

Den 22 en 23 October hebben wij stil weder gehadt, met redelijke goede windt als zuijt, ende zuijt zuijt west, ende hebben op de Caneel rontsom ons veel schepen gehadt.

Den 27 ditto. kregen het Eijlandt wicht in het gesicht, de windt N. O.

Den 28 ditto. de windt N. O,

Den 29 ditto. hebben noch al starcke windt gehadt uijt den Oosten, sulcx dat wij Wicht niet hebben kunnen besaijlen.

Den 30 ditto. heeft hem de windt verheft uijt den Noordt Oosten, ende is in een harde storm verandert, soo dat wij geen mars zaijlen konden voeren, sulcx dat naer den middach geresolveert is onse cours naar Pleijmuijen te setten, 't welk alsoo is geschiet, ende hebben het den volgenden nacht met een schover zeijl, ende met de besaen [1] voor windt af laeten lopen, doch des nachts inde honde wacht is de harde windt met een grooten regen geheel gaen leggen, ende was de windt doen zuijt Oost. des morgens de windt wederom Oost sijnde, ende bequaem weder, hebben wij Goudtstart in het gesicht gekregen.

Den 31 ditto. sijn wij des avondts voor Pleijmuijen op de Reede gekomen, doch het was soo laet dat wij inde binnen haven niet en konden komen; des nachts hebben wij harde regen gehadt, ende des morgens was de windt W. N. W. met stil en lieffelijck weder.

ovember. Den eersten November hebben wij des naermiddachs ons ancker gelicht, ende sijn wat dieper de haven ingelopen, maer mosten door stilte ons ancker wederom laten vallen en dat op een periculeuse plaets tusschen eenige klippen,

---

[1] le mât d'artimon.

ende is, Godt lof, stil gebleven, soo dat wij inde voornacht met de vloet ons ancker wederom lichtende, met een coelte uijt den Oosten op een bequame plaets sijn gekomen, varende voor bij een vande Castelen, soo deden wij drie eerschoten, daertegens antwoorden die van het casteel met een schoot.

Den 3. 4. 5. 6 en 7. ditto sijn wij door contrarie windt tot Pleymuijen noch blijven leggen. Maer den achtsten ditto hebben wij des morgens met een goede weste wint, doch stil weder ons ancker gelicht, beneffens alle d'andere schepen die tot Pleijmuijen inde haven lagen. tegens den avondt heeft den windt sich wat verheft.

Den 9 ditto. hebben wij met hagel, donder ende blixem een grote storm gekregen, soo dat wij ons groot Mars zaijl verloren, de windt sijnde Noord, ende oock N. N. O. soo dat wij met vele vande bijvarende schepen sonder zeijlen mosten drijven, maer tegens den avondt is het weer wat besadicht, ende kregen doen den windt W. N. W.

Den 10 ditto. heeben wij Doveren ende Calais in 't gesicht gehadt, ende sijn dicht bijde Engelse kust geseijlt, om soo bij de opperwal te blijven. de hoofden gepasseert sijnde, sijnder eenige schepen die in Zeelandt, ofte de Maes in wilden, naer dat zij elck een eerschoot gedaen, ende wij haer wederom geantwoort hadden, van ons geschaijden, sijnde de windt W. N. W. Den volgenden nacht heeft het wederom hardt gewaeijt, maer hadden doen de windt Z. W. met een stijve koelte, eode hebben soo onse raijs vervordert.

Den 12 ditto de windt als noch sijnde Z. W. sijn wij met een groten storm ende Regen, door Godts genade, naer veel periculen Tessel, behouden ingekomen, doch de windt was soo violent dat wij voor het schilt niet ten ancker en dorsten komen, maer mosten alsoo laten deurstaen tot de Vlieter, onder het eijlandt wieringen.

www.ingramcontent.com/pod-product-compliance
Ingram Content Group UK Ltd.
Pitfield, Milton Keynes, MK11 3LW, UK
UKHW031928260826
14628UKWH00003B/1483

9 782019 153113